남을 위해 기도합시다

남을 위해 기도 합시다

퇴옹 성철
지음

장경각

남을 위해
기도
합시다

차례

남을 도와주는 불공	··· 7
참선 수행	··· 21
마음의 눈을 뜨자	··· 34
견성이 바로 성불이다	··· 39
구원받는 길	··· 47
원수 갚는 방법	··· 65
윤회의 실증을 위하여	··· 81
영혼은 있다	··· 101
전생의 일을 알고자 한다면	··· 119
업이란, 자기가 짓고 자기가 받는 것	··· 139
생명의 참모습	··· 146
마음의 본래 모습이 청정이다	··· 149

남을 도와주는
불공

요즈음 학생들에게 불공하라고 자주 이야기하며 권하고 있습니다. 학생들은 혹 이렇게 말할 수도 있을 것입니다. "우리도 용돈을 타 쓰고 있는데 어떻게 불공을 할 수 있는가." 하고. 그것도 당연한 이야기지만 그러나 불공이란 꼭 돈으로만 할 수 있는 것이 아닙니다.

몸으로, 정신적으로, 물질적으로 남을 도와주는 것은 모두 불공입니다. 예를 들어 버스 속에서 노인이나 어린이에게 혹은 병든 사람에게 자리를 양보해 주는 것, 그것도 불공입니다.

또 정신적으로 고민을 하고 있는 사람이나 혹은 어떤 사람을 좋은 길로 인도해 주는 것, 그것도 불공입니다.

길거리에 앉아서 적선을 비는 눈먼 사람에게 10원짜리

한 닢 주는 것, 그것도 불공입니다.

이처럼 정신적으로든 육체적으로든 물질적으로든 남을 도와주는 것은 모두 불공입니다. 이렇게 우리가 몸, 마음, 물질 이 세 가지로 불공을 하려고 하면 불공할 것이 꽉 찼습니다. 이 세상 모두가 불공거리, 불공 대상입니다.

단지 우리가 게을러서 게으른 병 때문에 못할 뿐입니다. 이렇게 불공해야 결국에는 성불하게 되는 것입니다. 학생들이 수련회 때 삼천배를 한 뒤 백련암에 올라와서 화두話頭 공부 하게 가르쳐 달라고 하면 이렇게 말합니다.

"자, 모두 화두 배우기 전에 불공하는 방법부터 배워서 불공을 시작한 후 화두를 배우자."

그러면 처음에는 모두 눈이 둥그렇게 됩니다. 우리는 돈도 없는데 부처님 앞에 돈 놓고 절하라는 이야기인가 하고. 그런데 나중에 알맹이를 듣고 보면 그것이 아니고 남 도와주는 것이 참 불공이라고 하지 않겠습니까? 그래서 끝에 가서 "모두 불공합시다" 하면 "예" 하고 대답하는데, 진정으로 그러는 것 같습니다. 그런데 한 가지 특별한 주의를 시킵니다. 그것은 자랑하지 말라는 것입니다. 남을 도와주는 것은 착한 일이지만 자랑하는 것은 나쁜 일입니다.

몸으로써, 마음으로써, 물질로써 좋은 불공을 해놓고 입으로 자랑하면 모두 부수어버리는 것입니다. 불공을 자랑하기 위해, 자기 선전하기 위해 하는 사람이 많습니다. 돈 푼이나 기부해 주고 신문에 크게 선전해 달라고 하며 또 그 재미로 돈 쓰는 사람도 많은가 봅니다. 그러나 그것은 자기 자랑할 재료를 장만하는 것이지 불공이 아닙니다. 아까운 돈으로 남 도와주고 몸으로 남 도와주고 마음으로 남 도와주고서, 왜 입으로 모두 부수어버리는 것입니까? 참으로 불공이란 남을 아무리 많이 도와주었다고 해도 절대로 자랑해서는 안 됩니다. 말하지 말아야 됩니다. 그러므로 근본 생각은 '남모르게 남 도와주라'에 있는 것입니다. '남모르게 남을 도울 것!' 예수님도 이런 말을 했습니다. "왼손이 하는 일을 오른손이 모르게 하라." 기막힌 소리 아닙니까. 자기 왼손으로 남을 도우면서 자기 오른손도 모르게 도와주라고 했는데, 하물며 다른 사람이 알면 어떻게 되겠습니까? 요즘 학생들에게 이 말이 좋게 들리는가 봅니다. 편지가 자주 옵니다. "스님 말씀하신 남모르게 남 돕자는 그 말씀을 평생 지키고 노력하겠습니다." 하고.

이제 예 하나만 더 들겠습니다.

미국의 보이스라는 사람이 영국의 런던에 가서 어느 집을 찾는데 안개가 심해 도저히 찾을 수가 없어서 이곳저곳을 방황하고 있었습니다. 이때 열두어 살 되는 소년이 나타나 물었습니다.

"선생님, 누굴 찾으십니까?"

"어느 집을 찾는데 못 찾고 있다."

"저는 이 동네에 사는데 혹시 제가 아는지 주소를 보여주시겠습니까?"

신사가 주소를 보여주자

"이 집은 마침 제가 알고 있습니다. 이리로 오십시오."

하며 안내해 주었습니다.

어린이가 인도하여 안내해 준 집에 도착하니 찾아 헤매던 바로 그 집이었습니다. 너무 고마워서 사례금을 주었더니 그 소년은 사양하고 결코 받지 않았습니다.

이름도 가르쳐 주지 않았습니다.

"제게는 선생님이 참으로 고맙습니다. 저는 소년단원 회원인데 우리 회원은 하루 한 가지씩 남을 도와주게 되어 있습니다. 저는 오늘 선생님을 도와드릴 수 있었으니, 오히려 제가 감사드리겠습니다. 참 고맙습니다."

그리고서 소년은 달아나버렸습니다.

신사는 이런 생각이 들었습니다.

"영국에 와 보니 어린이도 남을 돕는 정신이 가득하군.

돈도 받지 않고, 이름도 가르쳐 주지 않고 남을 도우면서 오히려 일과를 할 수 있게 되어 고맙다고 하니 이런 정신을 배워야겠다."

그래서 미국으로 돌아와 미국에서도 소년단을 시작하였습니다. 온 미국은 물론 세계적으로 이 정신은 뻗어나가 우리나라에도 보이스카웃, 소년단활동을 하고 있습니다. 그 뒤에 이 소년을 찾으려고 아무리 애를 써도 결국 찾지 못하고, 소년은 끝내 나타나지 않았습니다.

그리하여 이 이름 모를 소년을 기념하기 위해 영국의 그 마을에 큰 들소 동상을 세우고 기념비에 이렇게 글을 새겼습니다.

–날마다 꼭 착한 일을 함으로써 소년단이라는 것을 미국에 알려 준 이름 모를 소년에게 이 동상을 바치노라.–

남의 종교와 비교, 비판할 것은 아니지만, 기독교와 불교를 비교해 봅시다. 진리적으로 볼 때 기독교와 불교는 상대할 수 없다는 것입니다. 그것은 일부 학자들도 그렇게 보고 있습니다. 또 개인적으로 볼 때에도 기독교에서 보면 불교가 아무것도 아니고, 불교측에서 보면 기독교가 별것 아닐 것입니다.

서양의 유명한 쇼펜하우어 같은 철학자도 "기독교와 불교가 서로 싸운다 하면 기독교가 불교를 공격하는 것은 계란으로 바위를 치는 것과 마찬가지다."라고 말한 바 있습니다. 이 말은 극단적으로 말한 것이 아니라 사실이 그렇습니다. 그러나 진리로 보면 그렇지만 실천면에서 보면 거꾸로 되어 있는 게 현실입니다.

기독교인들은 참으로 종교인다운 활동을 하고 있습니다. 그런데 불교는, 불교인은 기독교인을 못 따라갑니다.

불교의 자비란 자기를 위한 것이 아니고 남에게 베푸는 것인데, 참으로 자비심으로 승려 노릇하는 사람이 얼마나 됩니까? 남 돕는 사람이 얼마나 되느냐가 문제일 것입니다.

'자비'란, 요즘 말로 표현하자면 사회적으로 봉사하는 것입니다. 그럼에도 불구하고 아마도 승려가 봉사정신이 가장 약할 것입니다. 기독교인들은 진실로 봉사활동을 많이 하고 있습니다. 한 가지 예를 들겠습니다.

갈멜수도원에 관한 기사를 읽은 적이 있습니다. 정월 초하룻날 모여서 무슨 제비를 뽑는다고 합니다. 그 속에는 양로원, 고아원, 교도소 등 어려움을 겪는 각계각층이 들어 있습니다. 어느 한 사람이 '양로원' 제비를 뽑으면 1년 365

일을 자나깨나 양로원 분들을 위해 기도한다는 것입니다. '고아원'에 해당되면 내내 고아원만을, '교도소'면 교도소 사람만을 위해 기도한다는 것입니다. 그래서 모든 생활이 기도로써만 이루어지는데, 자기를 위해서는 기도를 안 합니다. 조금도 안 한다는 것입니다.

이것이 참으로 남을 위한 기도의 근본정신인 것입니다. 이것이 종교인입니다.

그들은 양계와 과자를 만들어 내다 팔아서 먹고 사는 문제를 해결한다고 합니다. 먹고 사는 것은 자기들 노력으로 처리하고, 기도는 전부 남을 위해서만 하는 것입니다.

불교에서는 어찌 하는가?

불교에서도 소승이니 대승이니 하는데, 소승은 자기만을 생각하는 것입니다. 대승은 남만 위해 사는 것입니다.

불교의 근본은 대승이지 소승이 아닙니다. 원리는 이러한데 실천은 그렇지 않습니다.

저쪽 사람들은 내 밥 먹고 남만 위하는데, 우리 불교에서는 이것이 아주 없는 것은 아니지만 거의 없다고 보아야 할 것입니다.

기독교를 본받아서가 아니라, 불교는 '자비'가 근본이므로 남을 돕는 것이 근본인 것입니다. 부처님 말씀처럼 불공이란 남을 돕는 것입니다. 그래서 모든 생활기준을 남을 돕는 데에 두어야 한다는 것입니다.

우리 대중도 다 알겠지만 승려란 부처님 법을 배워 불공 가르쳐 주는 사람이고, 절은 불공을 가르쳐 주는 곳입니다. 불공의 대상은 절 밖에 있습니다. 불공 대상은 부처님이 아닙니다. 일체 중생이 다 불공 대상입니다. 이것이 불공의 방향입니다.

내가 생각하기에 절에 사는 우리 승려들이 목탁 치고 부처님 앞에서 신도들 명과 복을 빌어 주는 이것이 불공이 아닙니다. 남을 도와주는 것만이 참 불공이라는 것을 깊이 이해하고 이를 실천할 때, 그때 비로소 우리 불교에도 새싹이 돋아날 것입니다.

내가 전부터 자주 불공 이야기를 해 오지만 부처님께서 말씀하신 불공을 해야 할 것입니다.

부처님께서는 오직 중생을 도와주는 이것이 참으로 불공이요, 이것을 행해야만 참으로 내 제자라고 말씀하셨습니다.

간디 자서전을 보면, 그는 영국에 유학 가서 기독교를 배웠는데 기독교에서는 사람 사랑하는 것을 배우고, 그 후 불교에서는 진리에 눈떴는데 일체 생명을 사랑하는 것을 배

왔다는 것입니다. 그래서 그가 말하기를, "남의 종교를 말하는 것은 안 되었지만, 비유하자면 기독교가 접시물이라면 불교는 바다와 같다."고 하였습니다.

우리 불교에서는 사람만이 상대가 아닙니다. 일체 중생이 그 상대입니다. 불교에서는 사람이고 짐승이고 미물이고 할 것 없이 일체 중생이 모두 다 불공 대상입니다.

일체 중생을 돕는 것이 불공입니다. 우리는 이것을 실천하고 또 궁행해야만 합니다.

그런데 또 문제가 있습니다.

"스님도 참 답답하시네. 내가 배가 고픈데 자꾸 남의 입에만 밥 떠 넣으라니, 나는 굶으라는 말인가?"

인과법칙이란 불교뿐만 아니라 우주의 근본원리입니다. 콩 심은 데 콩 나고 팥 심은 데 팥 나듯이 선인선과, 악인악과善因善果, 惡因惡果입니다.

선한 일을 하면 좋은 결과가 오고, 악한 일을 하면 나쁜 과보가 오는 것입니다. 병이 나거나 생활이 가난하여 어려운 것이 악한 과보입니다. 그러면 무엇인가 악의 원인이 있는 것입니다. 물론 지금은 그것이 기억에는 없지만 세세생생을 내려오며 지은 온갖 악한 일들이 그 과보의 원인이 됩니다.

선인선과라, 이번에는 착한 일을 자꾸 행합니다. 그러면 좋은 결과가 오는 것입니다. 남을 자꾸 돕고 남을 위해 자꾸 기도하면, 결국에는 그 선과가 자기에게로 모두 돌아옵니다.

그러므로 남을 위해 기도하는 것이 결국 나를 위한 기도가 되며, 남을 해치면 결국 나를 해치는 일인 것입니다. 그래서 남을 도우면 아무리 안 받으려 해도 또다시 내게로 오는 것입니다.

남을 위해 기도하고 생활하면 남을 내가 도우니 그 사람이 행복하게 되고, 또 인과법칙에 의해 그 행복이 내게로 전부 다 오는 것입니다.

생물 생태학에서도 그렇다고 합니다. 조금이라도 남을 해치면 자기가 먼저 손해를 보게 되고, 농사를 짓는 이치도 그와 같다 하겠습니다. 곡식을 돌보지 않으면 자기부터 배고플 것입니다.

그러니까 내가 배고파 굶어 죽을까 걱정하지 말고 부처님 말씀같이 불공을 잘 하도록 애써야 할 것입니다.

한 가지 비유를 말하겠습니다.

어떤 사람이 불공할 줄 모르고 죄를 많이 지어서 지옥에 떨어졌습니다. 지옥 문 앞에 서서 보니 지옥 속에서 고통 받는 중생들 모습이 하도 고통스럽게 보여서 도저히 눈을 뜨고 볼 수가 없었습니다.

대개 그 모습을 보면 '아이고, 무서워라. 나도 저 속에 들어가면 저렇게 될 텐데 어떻게 하면 벗어날까…' 이런 생각이 들 텐데 이 사람은 생각이 좀 달랐습니다. '저렇게 고생하는 많은 사람의 고를 잠깐 동안이라도 나 혼자 대신 받고 저 사람들을 쉬게 해줄 수 없을까? 편하게 해줄 수 없을까?' 하는 착한 생각이 들었습니다. 이 생각을 하는 순간 지옥이 없어져버렸습니다. 그 순간 천상에 와 있었습니다.

모든 것이 일체유심조一切唯心造입니다. 착한 생각을 내면 자기부터 먼저 천상에 가는 것입니다.

그리고 생각이 더 깊은 사람이면 남을 위해 아침으로 기도를 해야 됩니다. 어느 정도 인격이 있는 사람이면 '내 복福만을 위해, 내 배腹만을 위해서' 기도는 못할 것입니다. 그러나 남을 위해서는 얼마든지 기도할 수 있는 것 아닙니까?

나는 내게 오는 사람에게는 반드시 의무적으로 108배의 절을 시킵니다.

참으로 남을 도울 수 있는 사람이 되려면, 그런 생활을 매일 아침마다 20분 동안 108배 기도를 해야 합니다. 남을 위해 108배 기도하는 정성이 없으면 아무리 불공한다고 해도 매일 108배 하는 사람과는 많이 다릅니다. 나도 새벽으로 꼭 108배를 합니다. 그 목적이 어디 있는가? 시작할 때 조건이 나를 위해 절하지 않습니다.

'내가 이제 발심하여 예배하오음은 저 스스로 복 얻거나 천상에 나길 구함이 아니요, 모든 중생이 함께 무상보리 얻어지이다.'

이제 발심하여 108배를 하는데 물질적으로나 정신적으로 나를 위해 절하지 않는다는 것입니다. 일체 중생이 모두 다 성불하게 해달라고 하는 것입니다. 그리고 끝에 가서는, '중생들과 보리도에 회향합니다.' 일체 중생을 위해, 남을 위해 참회하고 기도했는데 기도한 공덕이 많습니다. 이것이 모두 일체 중생에게 가버려라 이것입니다. 그리고도 부족하여 '원합노니 수승하온 이 공덕으로 위없는 진법계에 회향하오며' 예불 참회한 이 공덕이 모두 남에게로 다 가라는 말입니다. 그래도 혹 남은 것, 빠진 것이 있어서 나한테로 올까봐 온갖 것이 무상진법계로, 온 법계로 돌아가고 나한테는 하나도 오지 말라는 말입니다.

이것이 저 인도에서부터 시작해서 중국을 거쳐 신라, 고려에 전해 내려온 것입니다. 중국도 중공적화 이전에는 총림에서만이 아니고 모든 절에서 다 참회해 온 것입니다.

일체 중생을 위해서, 일체 중생을 대신해서 모든 죄를 참회하고 일체 중생을 위해 기도했습니다. 그리고는 모두 법계에 회향하고 모두 남에게 다 가버려라 한 것입니다. 이것이 참으로 불교 믿는 사람의 근본 자세이고, 사명이며 본분이 아니겠습니까?

요즘은 사회에서도 봉사활동을 많이 하고 있는데, 우리 스님들은 산중에 살면서 이런 활동에는 많이 뒤떨어지고 있습니다.

오직 부탁하고 싶은 것은 부처님 말씀에 따르는 불공을 하자는 것입니다. 그리하여 조석으로 부처님께 예불하면서 꼭 한 가지 축원을 합니다. 그것은 간단합니다.

축원문

일체 중생이 다 행복하게 해 주십시오.
일체 중생이 다 행복하게 해 주십시오.
일체 중생이 다 행복하게 해 주십시오.

세 번 하는 것입니다. 매일 해보면, 뭐라고 말하기 어려운 좋은 기운을 느끼게 됩니다.

절을 한 번 하든 두 번 하든 일체 중생을 위해 절하고, 일체 중생을 위해 기도하고, 일체 중생을 위해 돕는 사람, 일체 중생을 위해 사는 사람이 되어야만 앞머리에서 말한 부처님을 팔아서 사는 '도적놈' 속에 안 들어가는 것입니다. 그러니 서로서로 힘써 불공을 잘 해서 도적놈 속에 들지 않도록 노력합시다.

참선
수행

　　불교란 과연 무엇일까요? 불교佛敎란 불佛, 즉 부처님의 가르침[敎]입니다. 부처[佛]란 '깨친 사람'이란 뜻이고, 불교란 모든 것의 본원本源 자체를 바로 깨친 사람인 부처의 가르침이므로 결국 깨달음에 그 근본 뜻이 있습니다. 만약 불교를 이야기하면서 깨친다[覺]는 데에서 한 발짝이라도 벗어나면 그것은 절대로 불교가 아닙니다. 일체를 총괄적으로 표현하여서는 법성法性이라 하고, 각각 개별적으로 말할 때는 자성自性이라고 하는데, 그 근본에서는 법성이 바로 자성이고 자성이 바로 법성이니 자성이라 하든 법성이라 하든, 이 본원 자체를 바로 깨친 사람을 부처라 합니다.

　2500여 년 전에 석가모니 부처님께서 부다가야의 보리

수 아래에서 샛별을 보시고 정각正覺을 이루셨으니 이것이 불교의 근본 출발점입니다. 부처님은 많은 지식을 얻었거나 절대신의 계시를 받아서 부처가 된 것이 아니라 보리수 아래에서 스스로 선정禪定을 닦아 자기의 자성을, 다시 말하자면 일체 만법의 법성을 바로 깨쳐서 부처님이 되었습니다. 이것이 바로 불교의 출발점입니다. 그렇기 때문에 과거·현재·미래의 모든 부처님들과 모든 조사祖師스님들이 자기 성품, 자기 마음을 깨쳐서 부처를 이루었지 절대신이나 언어문자에 의지해서 부처를 이룬[成佛] 사람은 한 사람도 없습니다. 이것이 우리 불교의 근본 생명선이자, 영원한 철칙이며 만세의 표준입니다.

그런데 내가 이렇게 부처가 어떻고 선이 어떻고 교리가 어떻고 하는 이야기는 본질에서 이야기하자면, 사실 여러분에게 바른 가르침을 주는 것이 아니라 오히려 독약을 주는 것과 같습니다. 내가 하는 이야기가 사람 죽이는 독약인 줄 바로 알 것 같으면 그런 사람은 어느 정도까지 불법을 짐작할 수 있다고 하겠습니다.

부처 되려는 병, 조사祖師 되려는 병, 이 모든 병을 고치는 데는 우리의 자성을 깨쳐서 모든 집착을 벗어나면 참으로 자유자재한 사람이 될 수 있지만 그렇지 못하고는 집착을 버릴 수 없습니다. 그러므로 정신이 바른 사람이라면 부처님이나 달마조사가 와서 설법을 한다 하여도 귀를 막고 달아나버려야 합니다.

예전에 무착문희 스님이 오대산에 가서 문수보살을 친견하려고 공양주를 하고 있었습니다. 하루는 큰 가마솥에 팥죽을 끓이고 있는데 그 팥죽 끓는 솥 위에 문수보살이 현신現身하였습니다. 보통 사람 같으면 문수보살을 직접 만나 뵈었다고 대중을 모으려고 야단했을 터인데 무착스님은 팥죽을 저었던 주걱으로 문수보살의 뺨을 후려치면서 말했습니다.

"문수는 그저 문수일 뿐이며 무착은 나 무착일 뿐이다."

그와 같이 여러분 중에서 "성철은 그저 성철일 뿐이고 나는 나다. 긴 소리 짧은 소리 무슨 잠꼬대가 그리 많으냐?" 하고 달려드는 진정한 공부인이 있다면 내가 참으로 그 사람을 법상 위에 모셔 놓고 한없이 절을 하겠습니다. 그런 무착스님의 기개가 참으로 출격장부出格丈夫이며 펄펄 살아 있는 사람입니다. 내 밥 내가 먹고 사는 사람들인데 어째서 남의 집 밥을 구걸하느냐 말입니다. 부디 내 밥 내가 먹고 당당하게 살아야 합니다.

이런 이야기를 하면 언어문자로는 왜 깨달음을 얻을 수 없느냐면서 6바라밀행을 닦아 만행하면서 정각正覺을 성취하는 것은 안 되느냐고 흔히 수좌들이 묻습니다. 거기에 대해서 예전 조사스님들이 하신 말씀이 있습니다.

> "만행을 하며 6바라밀행을 닦아 성불하려고 하는 것은 송장을 타고 바다를 건너가는 것과 같다."

어떤 바보 같은 사람이 송장을 타고 바다를 건너 가겠습니까? 6바라밀행이 보살행으로서 아무리 좋다고 하지만 이것으로는 자기 자성을 깨치지 못합니다.

조선시대 서산西山스님은 이런 말씀을 하셨습니다.

> "오히려 일생 동안 어리석은 바보가 될지언정 문자승文字僧이 되길 바라지 않느니라."

물론 공부를 할 때는 이론과 실천이 병행되어야 합니다. 경전을 배우면서 참선을 하고, 참선을 하면서 경전을 배우고 조사어록을 읽어야 합니다. 그렇지만 언어문자는 산 사람이 아닌 종이 위에 그린 사람인 줄 분명히 알고 마음 깨치는 것을 근본으로 삼아야 합니다.

우리들의 마음을 깨치려고 하면 여러 방법이 있지만 언어문자를 버리고 바로 깨치는 것이 지름길입니다. 예전 스님들이 깨달은 이야기를 해보겠습니다.

> "네가 비록 억천만 겁 동안 여래의 온갖 법문을 기억하여도 하루 동안 선정禪定을 닦느니만 못하느니라."

부처님께서 아난존자에게 하신 말씀입니다. 아난존자가 총명하고 지해知解가 뛰어나서 언어문자를 기억하는 것으로만 생명으로 삼고 실제 선정을 닦지 않으므로 부처님께서 너무나 딱하게 여겨 아난에게 하신 말씀입니다. 이 외에도 부처님께서 언어문자만 기억하는 것으로 만족해하는 아난에게 타이르신 일이 많습니다.

> "너와 나는 저 과거 무수한 시간 동안 같이 발심發心하여 성불하려고 공부하였다. 그러나 너는 다만 언어문자만 따라가서 그것만 기억하고, 나는 틈만 있으면 선정을 닦았다. 선정을 닦는 것은 밥을 먹는 것이요, 언어문자를 기억

하는 것은 밥 애기만 하는 것이니 어찌 배가 부를 수 있을 것인가. 언어문자란 처방전이다. 거기에 의거해서 약을 지어 먹어야 병이 낫는 것이지 처방전만 열심히 외어 보았자 병은 낫지 않는다. 너는 처방전만 기억하고 있으니 중생병이 낫지 않은 것이고 나는 약방문에 의지해서 약을 먹었기 때문에 부처를 이루었다."

이처럼 늘 언어문자를 기억하는 것을 능사로 삼지 말고 깊이 선정을 닦으라고 간절하게 부처님께서 말씀하셨으나, 아난은 부처님 생전에는 그 병을 고치지 못하고 마음으로 깨침을 얻지 못했습니다.

불교 역사상 부처님 법문을 모은 경전은, 물론 그 뒤에 성립된 것도 많이 있지만, 대개는 아난존자가 구술하여 이루어진 것이라고 보고 있습니다. 아난존자같이 부처님 법문을 잘 기억해 아는 사람은 그 누구도 없지만 깨치지 못했기 때문에 같은 부처님 제자이면서도 가섭존자에게 쫓겨나는 수모를 당하였으니 이는 곧 불교의 생명이 언어와 문자를 기억하는 총명에 있지 않고 마음을 깨치는 데 있음을 더욱 분명히 하고 있는 사실史實입니다.

부처님의 가르침을 따르는 사람들은 언제든지 이 근본

생명을 잊어버리지 말아야 합니다. 생명 없는 사람은 송장입니다. 그러니 송장 불교가 아닌 살아 있는 불교가 되기 위해서는 반드시 마음으로 부처님 진리를 깨쳐야 하는 것입니다.

내가 항상 말하는 것인데 팔만대장경 속에서 불법을 찾으려고 하는 것은 얼음 속에서 불을 찾는 것과 같습니다. 그것은 팔만대장경에 무슨 잘못이 있어 그런 것이 아니고 그 언어문자에 집착되어 그러한 언어문자가 전부인 것처럼 생각하는 사람들에게 죄가 있을 뿐임을 분명히 알아야 합니다.

흔히 스님들이나 불교인들이 "선, 선, 하는데 부처님 당시에도 참선을 시켰나? 선이라는 것은 불교 역사상 후대에 발달한 것이 아닌가?" 하고 주장하는 사람들을 보게 됩니다. 그러나 그것은 천만부당한 말입니다. 왜냐하면 부처님 시대와 가까운 때의 경전으로 인정받는 팔리어 경전을 보면 부처님은 공부하는 길로 선을 주장하셨기 때문입니다.

부처님께서 늘 하신 말씀은 "공부는 좌선坐禪을 하라. 좌선을 하다가 피로하거든 행선行禪, 즉 경행經行을 하라. 행선을 하든지 좌선을 하든지 선을 해야지 선을 하지 않고는 성불하는 길이 멀다."는 것이었습니다. 부처님께서도 불교의 근본 수행으로 선을 가르치셨다는 사실이 경전에 자세하게 기록되어 있습니다.

너희 비구들아, 낮 동안에는 경행經行과 좌선坐禪에 의하여 모든 번뇌법으로부터 마음을 청정케 하라. 밤의 초분初分에는 경행과 좌선에 의하여 … 밤의 중분中分에는 우측 옆구리를 땅에 대어 사자와 같이 누워서 모든 번뇌법으로부터 마음을 청정케 하라. 밤의 후분後分에는 일어나서 경행과 좌선에 의하여 모든 번뇌법으로부터 마음을 청정케 하라.

깨치는 길로 나아가기 위해서 어떻게 공부를 하느냐 하면, 낮에는 경행經行과 좌선坐禪의 두 가지 방법에 의지해서 모든 장애법, 즉 객진번뇌客塵煩惱를 털어버리고 본래 자성이 청정함을 깨치라는 말씀입니다. 이 말씀은 부처님께서 늘 하시는 말씀으로서 한두 군데 이런 말씀이 있는 것이 아니라 초기경전 곳곳에 나오는 말씀입니다. 우리가 깨치는 근본 방법은 경행과 좌선이니 이것에 의지하여 공부해야 한다고 누누이 말씀하시고 계십니다.

따라서 선 수행이 후대에 발달한 것이라고 보는 것은 불교를 상식적으로도 잘 모르는 사람이라고 봐야 합니다. 부처님 당시에도 마음을 깨치는 방법으로 경행과 좌선만을 가르치시고 다른 방법이 없었으니 우리들도 오직 참선을 해야 할 것입니다.

혹 경행經行을 한다고 하니 전국을 돌아다니며 6바라밀행을 닦는 만행卍行으로 오해할 수도 있는데 본래는 그러한 뜻을 담고 있는 것이 아닙니다. 중국에 와서도 그렇게 해석하지 않고 초기경전에서도 그렇게 해석하지 않았습니다. 아난이 진실로 자기 허물을 뉘우치고 혼자서 열심히 공부를 했다고 했는데 그 공부 역시 좌선과 경행이었다고 되어 있습니다.

경행經行이란 서서 다니면서 선정을 익히는 것이고 좌선坐禪이란 앉아서 선정을 익히는 것입니다. 그런데 경행이 만행하며 6바라밀행을 닦는 것이라고 한다면 아난이 충격을 받아 혼자 가서 공부하여 깨닫고 왔다고 하는 것과는 완전히 모순이 되어버립니다. 이미 아난이 비야리성에서 설법한 일 자체가 6바라밀의 하나라고 볼 수 있기 때문입니다. 하지만 아난이 실제로 깨달은 것은 밧지 비구의 충고 다음으로 이어진 참선수행이었습니다. 그러니 절대로 경행을 그렇게 해석할 수 없는 것입니다.

이 경행이란 한마디로 행선行禪입니다. 가만히 앉아 있으면 마음이 자꾸 가라앉거나 어지러워지기 마련이므로 이런 일이 생기면 일어나 돌아다니게 합니다. 돌아다니다 앉았다, 앉았다 돌아다니다, 이렇게 참선을 하는 것을 근본 방침으로 해서, 부처님께서 깨치는 길의 요체로 삼아 실천케 하신 것입니다.

초저녁과 한밤중과 새벽에도 경행과 좌선을 해야 한다고 부처님께서는 말씀하셨습니다. 객진번뇌를 완전히 제거하여 티끌을 멀리하고 더러움을 벗어나 자성청정한 본성을 바로 깨치려면 참선이 제일 근본이라는 말씀입니다. 내가 선승禪僧이라고 해서 이렇게 주장하는 것이 아니라 불교의 근본 방법이 이렇다는 말입니다.

해탈하는 방법으로 근본 불교에서 제시된 것으로는 좌선과 경행이 근본이 되어있지 다른 방법이 없습니다. 왜냐하면 중생이 성불해서 영원한 해탈을 얻는 방법 중에는 이것이 최고의 방법이기 때문에 부처님께서는 이 방법만으로 중생을 가르쳤습니다. 그러므로 우리가 불교를 믿는 근본 목적이 성불해서 일체 중생을 제도시킨다는 것에 있으니 성불하려면 선을 근본으로 하지 않고는 바른 길이 따로 있을 수 없습니다.

경전 말씀을 또 인용하겠습니다.

"비구로서 악욕惡欲 때문에 악에 핍박되어 진실이 아닌 선·해탈·삼매·깨달음을 말하는 사람은 사문이 아니며 부처님 아들이 아니니라."

부처님께서 근본 계율을 제정하실 때에 살생하지 말라, 음행하지 말라, 도적질하지 말라, 거짓말하지 말라고 하시며 이 네 가지 죄를 저지르면 영원히 불법佛法 가운데 머물 수 없고 쫓아내야 한다고 하셨습니다. 이것을 4바라이죄라고 합니다. 바라이죄 중에 거짓말을 하지 말라 하신 것은 진리를 얻었다고 거짓말을 하는 것을 말합니다.

진리를 얻었다는 것은 선·해탈·삼매·깨달음 등을 얻었다는 말인데, 뒤에 있는 것은 주석적인 것들이고 근본은 맨 앞의 선禪입니다. 참선을 성취해서 견성했다고 거짓말을 한다는 말입니다. 견성을 하지 못한 사람이 그렇게 말하는 것은 바라이죄를 범하는 사람이므로 절대로 우리 불법 가운데 같이 살 수 없다는 것입니다. 왜 허다한 거짓말 가운데 특별히 선을 들었느냐 하면 이 선이 바로 우리 불교의 근본이 되기 때문입니다.

진실로 성불하려고 하면 참선의 방법이 아니고는 성불할 수 없는 것이어서 누구든지 선을 해야 하는데, 성불하는 근본인 선에 대해서 조금이라도 허위나 거짓이 있다면 이것은 영원히 성불할 수 없는 사람이기 때문에 불법 가운데 살게 할 수 없는 것입니다.

근본불교에서도 공부하는 근본 방법이 선이기 때문에 선을 근본으로 해서 공부를 했고, 여기에서 모든 교리가 조직되어 있는 것입니다. 참선을 떠나서는 절대로 깨달음의 근본 방법이 설 수 없습니다.

마음의 눈을 뜨자

　　　　　불교에서는 성불하는 방법이 여러 가지 있습니다. 관법觀法을 한다, 주력을 한다, 경을 읽는다, 다라니를 외운다 등등 온갖 것이 다 있습니다. 그런 여러 가지 방법 가운데서 가장 확실하고 빠른 방법이 참선입니다. 견성성불하는 데에는 참선이 가장 수승한 방법입니다.

　참선하는 것은 자기 마음을 밝히는 것이기 때문에 불교 신도나 스님들만 하는 것이 아닙니다. 신부나 수녀도 백련암에 와서 삼천배를 하고 화두話頭를 배워 갑니다. 나한테서 화두 배우려면 누구든지 삼천배를 하지 않으면 가르쳐 주지 않기 때문입니다.

　얼마 전에도 기독교 믿는 사람들 셋이 와서 삼천배를 하고 갔습니다. 이 사람들한테 내가 항상 말합니다.

"절을 하는 데 무슨 조건으로 하느냐 하면, 하나님 반대하고 예수님 욕을 가장 많이 하는 사람이 제일 먼저 천당에 가라고 축원하고 절하십시오."

이렇게 말하면 그들도 참 좋아합니다. 이런 것이 종교인의 참다운 자세 아닙니까. 우리 종교 믿는 사람은 전부 다 좋은 곳으로 가고, 우리 종교 안 믿는 사람은 모두 다 나쁜 곳으로 가라고 말한다면 그는 점잖은 사람이 아닙니다. 어찌 그렇게 말할 수 있습니까. 나를 욕하고 나를 해치려 하면 할수록 그 사람을 더 존경하고, 그 사람을 더 돕고, 그 사람을 더 좋은 자리에 앉게 하라고 부처님께서는 항상 말씀하셨습니다.

마음을 닦아야 된다는 것, 여기에 대해서는 기독교나 다른 종교인들도 관심을 많이 가지고 있습니다. 우리나라의 가톨릭 수도원 중에서 가장 큰 것이 왜관에 있는데, 그 수도원의 독일인 원장이 내한테서 화두를 배운 지 10여 년이 지났습니다. 그 동안에도 종종 왔는데, 화두 공부는 해볼수록 좋다는 것입니다. 그가 처음 와서 화두를 배운다고 할 때의 이야기입니다.

"당신네들 천주교에서는 바이블 이외에 무엇으로 교리

의 의지依支로 삼습니까?"

"토마스 아퀴나스의 『신학대전神學大典』입니다."

"그렇지요. 그런데 아퀴나스는 그 책이 거의 완성되었을 때 자기 마음 가운데 큰 변동이 일어나서 그 책에서 완전히 손을 뗐는데, 처음에는 금덩어리인 줄 알았다가 나중에 썩은 지푸라기인 줄 알고 차버린 그 책에 매달리지 말고, 그토록 심경이 변화된 그 마음자리, 그것을 한번 알아보는 것이 좋지 않겠습니까? 화두를 부지런히 익히면 그것을 알 수 있습니다."

이처럼 불교를 믿지 않는 다른 종교인들도 화두를 배워서 실제로 참선하는 사람이 많이 있습니다. 우리가 불교를 믿는다고 하면 마음 닦는 근본 공부인 선禪을 알아서 실천해야 합니다.

그런데 화두話頭를 말하자면 또 문제가 따릅니다. 화두를 가르쳐 주면서 물어보면, 어떤 사람은 화두가 무엇인지도 모르고 옆에서 배우라고 해서 배운다는 사람도 있지만, 오히려 그런 사람은 괜찮습니다. 어떤 사람은 "이런 것은 누구든지 알 수 있는 것 아닙니까" 하고는 뭐라고 뭐라고 아는 체를 합니다. 이것은 큰 문제입니다.

화두에 대해 또 좋은 법문이 있습니다. 불감 근佛鑑懃 선사의 법문입니다.

> 오색비단 구름 위에 신선이 나타나서
> 손에 든 빨간 부채로 얼굴을 가리었다.
> 누구나 빨리 신선의 얼굴을 볼 것이요
> 신선의 손에 든 부채는 보지 말아라.

생각해 보십시오. 신선이 나타나기는 나타났는데 빨간 부채로 낯을 가렸습니다. 신선을 보기는 봐야겠는데, 낯을 가리는 부채를 봤다고 해서 신선을 보았다고 말할 수 있습니까.

화두에 있어서는 모든 법문이 다 이렇습니다. '정전백수자'니 '삼서근'이니 '조주무자趙州無字'니 하는 것은 다 손에 든 부채입니다. 부채! 눈에 드러난 것은 부채일 뿐입니다. 부채 본 사람은 신선 본 사람이 아닙니다. 빨간 부채를 보고서 신선을 보았다고 하면 그 말 믿어서야 되겠습니까?

거듭 말하지만, 화두는 암호입니다. 이 암호 내용은 어떻게 해야 풀 수 있느냐 하면 잠이 깊이 들어서도 일여한 경지에서 깨쳐야만 풀 수 있는 것입니다. 그 전에는 못 푼다는 것, 이 같은 근본 자세가 바로 서야 합니다.

그리하여 마음의 눈을 확실히 뜨면 이것이 견성인 것입니다. 동시에 '뜰앞의잣나무'라는 뜻도 알 수 있는 것입니다.

팔만대장경이 그토록 많지만 사실 알고 보면 '마음 심心' 한 자에 있습니다. 팔만대장경 전체를 똘똘 뭉치면 '심'자 한 자 위에 서 있어서, 이 한 자의 문제만 옳게 해결하면 일체의 불교 문제를 해결하는 동시에 일체 만법을 다 통찰할 수 있고 삼세제불三世諸佛을 한눈에 다 볼 수 있는 것입니다. 자초지종自初至終이 마음에서 시작해서 마음에서 끝납니다. 그래서 내가 항상 마음의 눈을 뜨자고 하는 것입니다. 마음의 눈을 뜨면 자기의 본성, 즉 자성自性을 보는데, 그것을 견성見性이라고 합니다.

그러니 공부 부지런히 하여 화두를 바로 아는 사람, 마음눈을 바로 뜬 사람이 있기를 바랍니다.

그냥 "견성하자" "성불하자" 하면 너무 불교 전문적인 것이 되어 일반 민중과는 거리가 멀어집니다. "마음의 눈을 뜨자" 하면 누구에게나 좀 가깝고 이해하기 쉽습니다. 또 사실도 그렇고. 그래서 "마음의 눈을 뜨자" 하는 말을 많이 합니다.

오늘 이야기를 가만히 생각해서 하나라도 좋고 반쪽이라도 좋으니, 실지로 마음의 눈을 바로 뜬 이런 사람이 생겨서 부처님 혜명慧命을 바로 잇도록 노력합시다.

견성이 바로
성불이다

중도中道는 생과 멸을 따르지 않는 우주의 근본이치이고, 또한 '불성佛性', '법성法性', '자성自性', '진여眞如', '법계法界', '마음' 등 여러 가지로 표현되기도 합니다. 따라서 중도란 곧 마음자리를 말하는 것이고, 중도를 깨쳤다는 것은 우리의 '마음자리', '근본자성'을 바로 보았다는 말로서 이것을 견성見性이라 합니다. 다시 말해 견성이란 근본 마음자리를 확연히 깨쳐, 즉 중도의 이치를 깨달아 부처가 되었다는 뜻으로 쓰는 말입니다. 한데 요즘 항간에서 견성이란 단어를 사용하는 사례들을 살펴보면 견성의 본뜻과 거리가 먼 경우가 허다합니다.

예를 들자면 유럽을 여행하다가 일본인이 운영하는 선방을 견학하고 온 사람이 이런 이야기를 들려준 적이 있습니다. 많은 유럽인들이 선방에 모여 참선을 하고 있는데, 찬찬히 둘러보니 그 좌석배치가 견성한 사람의 좌석과 견성하지 못한 사람의 좌석으로 나뉘져 있더랍니다. 게다가 견성한 사람이 앉는 좌석에 견성하지 못한 쪽 못지않게 많은 사람들이 앉아 있더라는 것입니다.

견성한 사람이 그렇게 많은 것이 하도 신기해 "당신 정말로 견성했습니까?" 하고 물어 보았더니, 스승으로부터 인가를 받았다는 것입니다. 그래서 도대체 무엇을 깨닫고 무엇을 인가받았냐고 되물었더니, 자기는 스승으로부터 점검을 받고 무자화두無字話頭를 참구해도 된다고 허락을 받았다는 것입니다. 그래서 자기는 지금 "무!" 할 줄 안다고 대답하더랍니다. 그러니 결국 그들이 말하는 견성한 사람과 견성하지 못한 사람의 차이는 "무!" 할 줄 아는 사람과 "무!" 할 줄 모르는 사람의 차이였던 것입니다.

이는 일본사람들이 가르치고 있는 선에만 국한된 문제가 아닙니다. 이런 어처구니없는 현상들이 우리나라에서도 도처에서 벌어지고 있습니다.

흔히 참선하다가 기특한 소견이 생기면 그것을 두고 '견성했다'거나 '한 소식 했다'고들 하는데 정작 만나서 살펴보면 견성하지 못한 사람하고 똑같습니다. 과연 무엇을 깨쳤나 점검해 보면 저 홀로 망상에 휩싸여 생각나는 대로 함부로 떠드는 것에 불과합니다. 견성에 대한 그릇된 견해와 망설은 자신만 그르치는 것이 아니라 선종의 종지宗旨를 흐리고 정맥正脈을 끊는 심각한 병폐입니다.

견성하면 곧바로 부처라는 것은 선종의 명백한 종지입니다. 하지만 '견성하고 나서 부지런히 갈고닦아 부처가 된다'고 알고 있는 사람들이 많습니다. 부산에서 서울 가는 일로 비유를 들자면 저 삼랑진쯤이 견성이고, 거기서 길을 바로 들어 부지런히 달려 서울에 도착하는 것을 성불로 생각합니다. '견성한 뒤 닦아서 부처가 된다'는 것은 견성의 내용을 몰라서 하는 말입니다. 서울 남대문 안에 두 발을 들이고 나서야 견성이지 그 전에는 견성이 아닙니다. 견성하면 그대로 부처지, 닦아서 부처된다고 하는 이는 제대로 견성하지 못한 사람입니다.

부처님의 가르침을 정리한 팔만대장경은 중생들의 병을 치유하기 위한 약방문입니다. 환자야 약방문이 필요하지만 병의 근본뿌리까지 완전히 제거한 이에게 무슨 약방문이 필요하겠습니까?

진여자성을 확연히 깨달아 무심의 경지에 이른 사람, 즉 성불한 사람에게는 어떤 가르침도 어떤 수행도 필요하지 않습니다. 부처님의 팔만대장경도 조사의 1,700공안도 모두 필요 없는 그런 사람이 견성한 사람입니다. 역으로 가르침이 필요하고 수행이 필요하다면 그는 구경무심究竟無心을 체득하지 못한 사람이고 견성하지 못한 사람입니다. 제8아뢰야식의 근본무명까지 완전히 제거되어 구경의 묘각을 성취한 것이 견성이지 그러기 전에는 견성이라 할 수 없습니다.

종파를 초월해 대조사로 추앙받는 마명馬鳴보살의 『대승기신론』은 대승의 표준이 되는 불교총론으로 공인된 책입니다. 『기신론』에서도 '10지보살을 지나 등각의 금강유정金剛喩定에서 6추는 물론 3세의 미세한 망념까지 완전히 끊어져야 그때 견성한다'고 하면서 미세한 망상이 완전히 제거된 묘각, 즉 구경각究竟覺만이 견성임을 분명히 하였습니다.

『육조단경六祖壇經』은 견성을 종취로 하여 법을 설했습니다. 그 중심사상은 '마음을 알아서 성품을 본다[識心見性]'는 것인데 마음을 안다는 것이 견성한다는 것이고 견성한다는 것은 마음을 안다는 것이니 마음과 다르게 성품이 없고 성품과 다르게 마음이 없다는 말입니다. 여기서 마음이란 진여심眞如心을 말하고 성품이란 불성佛性을 말합니다. 또 진여심이란 유·무의 대립을 여읜 중도입니다. 우리가 마음을 안다든지 성품을 본다든지 하는 것은 바로 유·무를 여원 중도를 아는 것이며 중도를 본 사람이 부처님 도를 성취한 사람입니다.

누구나 공부를 한다거나 법문을 듣는다거나 무슨 기연을 만나 어떤 기회에 즉시로 크게 깨친다는 것은 자기의 본래 마음을 본다는 것이지 다른 것이 아닙니다. 부처님이나 중생이나 다 같이 가지고 있는 본래 마음, 즉 본래 가지고 있는 불성[本有佛性]을 얻는 것이지 깨쳤다고 해서 딴 것을 얻는 것이 아닙니다. 다만 나에게 있는 물건을 도로 찾았을 뿐입니다. 육조스님도 "내가 5조 홍인화상 밑에서 한 번 듣고 말끝에 크게 깨쳐서 진여본성을 찰나간에 보았다."고 하셨습니다. 진여본성을 찰나간에 보았다고 하였는데 찰나간[頓]이란 시간 간격을 두지 않는 눈 깜짝할 사이를 말합니다.

견성했다고 하면서 정을 닦느니 혜를 닦느니 하는 것은 아직 미세망상이 남아 있는 것입니다. 그것은 견성이 아닙니다. 더 이상 배우고 익힐 것이 없는 한가로운 도인, 해탈한 사람이 되기 전에는 견성이 아닙니다. 이것이 내가 말하는 화두 참구법의 근본사상입니다.

견성하면 곧 성불이라고 일러주면 "육조스님도 16년 동안 보임하셨는데 무슨 가당치 않은 말씀입니까?" 하고 반

박하는 이들이 있습니다. 그러나 『육조단경』을 살펴보면 오조도 육조를 인가할 때, "견성하면 곧 천인사불天人師佛"이라고 말씀하셨지 견성했으니 더욱 부지런히 갈고 닦아 다음에 성불하라고 말씀하진 않으셨습니다. 견성을 하면 부처님 경계를 볼 수 있는 것이고 부처님 지위에 이른 것이니 결국은 성불이 견성이고 견성이 성불입니다. 그래서 누구든지 견성하면 이것이 바로 성불인 것입니다.

육조 혜능대사가 오조 홍인弘忍대사로부터 인가를 받고 16년 동안 숨어 산 일을 두고 "오조 회하에서 견성하고 16년 동안 보임한 것이다." 하고 주장하는 것은 정말 어처구니없는 망설입니다. 당시 가사와 발우를 전해 받은 혜능스님을 시기 질투한 무리들이 육조를 시해하려고까지 했었습니다. 그들을 피해 법을 펼 적절한 시절이 도래하기를 기다린 것이지 부족한 공부를 무르익게 하려고 숨어 지낸 것이 아닙니다.

또 혹자는 달마스님이 소림굴에서 9년 동안 면벽한 일까지도 보임한 것이라고 말합니다. 그럼 달마스님이 인도에서 중국으로 넘어올 때는 아직 성불하지 못했다는 말입니까? 그것 역시 때를 만나지 못해 숨어 지낸 것이지 남은 공부가 있어 숨어 지낸 것이 아닙니다. 여러 전적들이 증명하다시피 달마스님이 중국으로 넘어오기 전에 스승으로부터 인가받고 성불한 것은 의심의 여지가 없는 사실입니다.

육조 혜능대사로부터 바로 이어온 선문의 종지는 일초직입여래지一超直入如來地입니다. 한번 깨치면 3현 10지의 지위 점차를 초월해 곧장 여래의 지위로 들어가는 것입니다. 그러면 혹자는 "3현 10성의 지위를 거치는 데에도 3아승지겁의 세월을 지나야 한다고 했는데 그 긴 세월을 어떻게 단박에 뛰어넘을 수 있겠는가." 하고 의심하며 믿으려 들질 않습니다.

그러나 비행기를 생각해봅시다. 부산에서 타면 1시간도 안 걸려 서울입니다. 아마 100년 200년 전 사람이 비행기 얘길 들었으면 미친 소리라 했을 것입니다. 그러나 네가 옳니 내가 옳니 이렇다 저렇다 말씨름할 것 없이 직접 비행기를 타 보면 압니다. 자기 경험과 소견에 맞지 않는다고 이런 저런 의심으로 믿질 않는데 하지 않는 것이 문제일 뿐 하면 됩니다. 단박에 여래의 땅을 밟는 이런 묘방이 있음을 알고 속는 셈 치고라도 한번 해봅시다. 해보면 부처님말씀이 거짓이 아니고 역대 조사스님들의 말씀이 거짓이 아니고 해인사 노장의 말이 거짓이 아니었음을 스스로 알게 될 것입니다.

고불고조의 분명한 말씀을 확실히 믿고 화두를 부지런히 들어 비행기 타고 서울 가듯 자성을 확연히 깨쳐 단박에 다 같이 성불합시다.

구원받는
길

내가 부처가 된 이후로 지내온 많은 세월은
한량없는 백천만억 아승지로다.

이 구절은 『법화경法華經』 「여래수량품如來壽量品」에 있는 말씀인데, 『법화경』의 골자입니다. 쉽게 말하자면 "내가 성불한 뒤로 얼마만한 세월이 경과했느냐." 하면 숫자로써 형용할 수 없는 한없이 많은 세월이 경과했다는 말씀입니다.

그러나 보통으로 봐서 이것은 이해가 잘 안 될 것입니다. 부처님께서 인도에 출현해서 성불하여 열반하신 지 지금부터 2천5백여 년밖에 안 되었습니다. 그런데 어째서 부처님 말씀이 자기가 성불한 지가 무량백천만억 아승지 이전이라고 했을까? 어째서 숫자로 헤아릴 수 없는 오랜 옛날부터라고 그렇게 말씀하신 것일까?

사실에 있어서 부처님이 2천5백 년 전에 출현하여 성불하신 것은 방편이고 실지로는 한량없는 무수한 아승지겁 이전에 벌써 성불하신 것입니다. 이것을 바로 알아야 불교에 대한 기본자세, 근본 자세를 가질 수 있는 것입니다.

불교의 목적이 무엇이냐고 물으면 보통 '성불' 즉 '부처 되는 것'이라고 합니다. 으레 그렇게 말하지만 실제로는 맞지 않는 말입니다. 실제 내용은 중생이 본래부처[本來是佛]라는 것입니다. 깨쳤다는 것은 본래부처라는 것을 깨쳤다는 말일 뿐 중생이 변하여 부처가 된 것이 아닙니다.

그전에는 자기가 늘 중생인 줄로 알았는데 깨치고 보니 억천만 무량아승지겁 전부터 본래로 성불해 있더라는 것입니다. 무량아승지겁 전부터 본래로 성불해 있었는데 다시 무슨 성불을 또 하는 것입니까? 그런데도 '성불한다, 성불한다' 이렇게 말하는 것은 우리 중생을 지도하기 위한 방편으로 하는 말일뿐입니다.

부처님이 도를 깨쳤다고 하는 것은 무량아승지겁 전부터 성불한 본래모습 그것을 바로 알았다는 말입니다. 이 말은 부처님 한 분에게만 해당되는 말이 아닙니다. 일체 중생, 일체 생명, 심지어는 구르는 돌과 서 있는 바위, 유정有

情, 무정無情 전체가 무량아승지겁 전부터 다 성불했다는 그 소식인 것입니다.

우리가 사는 이 세계를 '사바세계'라 합니다. 모를 때는 사바세계이지만 알고 보면 이곳은 사바세계가 아니고 저 무량아승지겁 전부터 이대로가 극락세계입니다. 그래서 불교의 목표는 중생이 변하여 부처가 되는 것이 아니고, 누구든지 바로 깨쳐서 본래 자기가 무량아승지겁 전부터 성불했다는 것, 이것을 바로 아는 것입니다. 동시에 온 시방법계가 불국토佛國土 아닌 곳, 정토淨土 아닌 나라가 없다는 이것을 깨치는 것이 불교의 근본 목표입니다.

다른 종교에서는 '구원'이라는 말을 합니다. '구원을 받는다', '예수를 믿어 천당 간다'고 합니다. 그러나 불교에서는 구원이라는 말이 해당되지 않습니다. 본래 부처인 줄 확실히 알고 온 시방법계가 본래 불국토이며 정토인 줄 알면 그만이지 또 무슨 남에게서 받아야 할 구원이 있겠습니까? 그래서 불교에는 근본적인 의미에서 절대로 구원이란 없습니다. 이것이 어느 종교도 따라올 수 없는 불교의 독특한 입장입니다. 실제 어느 종교, 어느 철학에서도 이렇게 말하지 못합니다.

불佛, 부처란 것은 불생불멸不生不滅을 이르는 말입니다. 무량아승지겁 전부터 성불했다고 하는 것은 본래부터 모든 존재가 불생불멸 아닌 것이 없다는 말입니다. 사람은 물론 동물도, 식물도, 광물도, 심지어 저 허공까지도 불생불멸인 것입니다. 또한 모든 처소 시방법계 전체가 모두 다 불생불멸입니다. 그러니 이것이 곧 정토이며 불국토인 것입니다. 모든 존재가 전부 다 부처고, 모든 처소가 전부 다 정토다, 이 말입니다.

그러면 어째서 사바세계가 있고 중생이 있는가? 내가 언제나 하는 소리입니다. 아무리 해가 떠서 온 천하를 비추고 환한 대낮이라도 눈감은 사람은 광명을 보지 못합니다. 앉으나 서나 전체가 캄캄할 뿐 광명을 못 봅니다. 그와 마찬가지입니다. 마음의 눈을 뜨고 보면 우주법계 전체가 광명인 동시에 대낮 그대로입니다. 마음의 눈을 뜨고 보면 전체가 부처 아닌 존재 없고 전체가 불국토 아닌 곳이 없습니다.

그러나 이것을 모르고 아직 눈을 뜨지 못한 사람은 "내가 중생이다", "여기가 사바세계다"라고 말할 뿐입니다.

근본 병은 어디에 있느냐 하면, 눈을 떴나 눈을 감았나 하는 여기에 있습니다. 눈을 뜨고 보면 전체가 다 광명이고, 눈을 감고 보면 전체가 다 암흑입니다. 마음의 눈을 뜨고 보면 전체가 다 부처이고 전체가 다 불국토이지만, 마음의 눈을 감고 보면 전체가 다 중생이고 전체가 다 사바세계 지옥인 것입니다. 그러니 우리는 이것저것 말할 것 없습니다. 누가 눈감고 캄캄한 암흑세계에 살겠다고 하는 사람이 있겠습니까? 누구든지 광명세계에 살고 싶고, 누구든지 부처님 세계에 살고 싶고, 누구든지 정토에 살고 싶은 것입니다. 그렇다면 한시바삐 어떻게든 노력하여 마음의 눈만 뜨면 일체 문제가 다 해결됩니다. 가고 오고 할 것이 없습니다. 천당에 가니 극락세계에 가니 하는 것은 모두 헛된 소리입니다. 어떻게든 노력해서 마음의 눈만 뜨면 일체 문제가 다 해결됩니다. 그래서 부처님께서 내가 아승지겁 전부터 성불했더라, 본래부처라고 말씀하신 것입니다.

인간의 근본 존재는 무량아승지겁 전부터 성불하여 무량아승지겁이 다하도록 무량불사를 하는 그런 큰 존재입니다. 다만 병이 어느 곳에 있느냐, 눈을 뜨지 못하여 우리가 보지 못하는 것입니다.

그렇다면 어떻게 해야 우리가 제대로 눈을 뜨겠느냐 이것입니다.

"스님도 딱하시네. 내 눈은 멀쩡한데 내가 기둥이라도 들이받았는가. 왜 우리보고 자꾸만 눈감았다, 눈감았다 하시는고?"

이렇게 말할지 모르겠습니다만, 그 껍데기 눈 가지고는 아무 소용이 없습니다. 아무리 한밤중에 바늘귀를 볼 수 있다고 해도 그런 눈 가지고는 소용없습니다. 그런 눈은 안 통합니다. 속의 눈, 마음의 눈, 마음눈을 떠야 하는 것입니다. 명경에 낀 때를 벗겨야 합니다. 명경의 때를 다 닦아내어 마음의 눈을 뜨고 보면, 해가 대명중천大明中天하여 시방세계를 고루 비추고 있는 것이 맑고 맑은 거울에 고요하게 그대로 환하게 드러납니다.

그러면 어떻게 해야 거울의 때를 벗기고 우리가 마음의 눈을 뜰 수 있는가? 가장 쉬운 방법이며 제일 빠른 방법이 참선參禪입니다. 화두話頭를 배워서 부지런히 참구하는 것입니다. 그리하여 화두를 바로 깨칠 것 같으면 마음의 눈이 저절로 번쩍 떠집니다. 일초직입여래지一超直入如來地, 한번 뛰어 부처지위에 들어간다, 한번 훌쩍 뛰면 눈 다 떠버린단 말입니다. 그래서 제일 쉬운 방법이 참선하는 방법입니다.

그 외에도 방법이 또 있습니다. 우리 마음의 눈을 무엇이 가리고 있어서 캄캄하게 되었는가? 그 원인, 마음눈이 어두워지는 원인이 있으니 그것을 제거하면 될 것 아닙니까? 불교에서는 그것을 탐貪, 진瞋, 치癡, 삼독三毒이라고 합니다. 욕심내고, 성내고, 어리석은 이 삼독이 마음의 눈을 가려서 본래 부처이고 본래 불국토인 여기에서 중생이니, 사바세계니, 지옥을 가느니 하는 것입니다.

그러니 마음눈을 가린 삼독, 삼독만 완전히 제거하면 마음의 눈은 저절로 밝아지지 않으려야 안 밝아질 수 없습니다. 그 삼독 중에서도 무엇이 가장 근본이냐 하면 탐욕입니다. 탐욕! 탐내는 마음이 근본이 되어서 성내는 마음도 생기고 어리석은 마음도 생기는 것입니다. 탐욕만 근본적으로 제거하면 마음의 눈은 자연적으로 뜨이게 되는 것입니다.

탐욕은 어떻게 하여 생겼는가? '나'라는 것 때문에 생겼습니다. 나! 남이야 죽든 말든 알 턱이 있나, 어떻게든 나만 좀 잘 살자, 나만! 하는 데에서 모든 욕심이 다 생기는 것입니다. '나'라는 것이 중심이 되어서 자꾸 남을 해치게 되는 것입니다. 그렇게 되면 마음의 눈은 영영 어두워집니다. 캄캄하게 자꾸 더 어두워집니다. 그런 욕심을 버리고 마음눈을 밝히려면 어떻게 해야 하는가? '나'라는 것, 나라는 욕심을 버리고 '남'을 위해 사는 것입니다. 남을 위해서! 한번 생각해 보십시오. 누구나 무엇을 생각하든지 무슨 일을 하든지 자나깨나 나뿐 아닙니까? 그 생각을 완전히 거꾸로 해서 자나깨나 남의 생각, 남의 걱정만 하는 것입니다. 그리고 모든 행동의 기준을 남을 위해 사는 데에 둡니다. 남 돕는 데에 기준을 둔단 말입니다.

그러면 자연히 삼독이 녹아지는 동시에 마음의 눈이 자꾸자꾸 밝아집니다. 그리하여 탐·진·치 삼독이 완전히 다 녹으면 눈을 가리고 있던 것이 다 없어지는데 눈이 안 보일 리 있습니까? 탐·진·치 삼독이 다 녹아버리는 데에 가서는 눈이 완전히 뜨여서 저 밝은 광명을 환히 볼 수 있고 과거 무량아승지겁부터 내가 부처라는 것을 알 수 있는 동시에, 시방세계가 전부 불국토 아닌 곳이 없음을 알 수 있습니다. 그리하여 미래겁이 다하도록 자유자재한 대해탈의 생활을 할 수 있는 것입니다.

누가 "어떤 것이 불교입니까?" 하고 물으면 이렇게 답합니다.

"세상과 거꾸로 사는 것이 불교다."

세상은 전부 내가 중심이 되어서 나를 위해 남을 해치려고 하는 것이지만, 불교는 '나'라는 것을 완전히 버리고 남을 위해서만 사는 것입니다. 그러니 세상과는 거꾸로 사는 것이 불교입니다. 그렇게 되면 당장에는 남을 위하다가 내가 배가 고파 죽을 것 같지만, 설사 남을 위하다가 배가 고파 죽는다고 해도, 남을 위해서 노력한 그것이 근본이 되어 내 마음이 밝아지는 것입니다. 밝아지는 동시에 무슨 큰 이

득이 오느냐 하면 내가 본래 부처라는 것을 확실히 알게 되는 것입니다.

자기는 굶어 죽더라도 남을 도와주라고 하면 "스님도 참 답답하시네. 스님부터 한번 굶어 보시지요." 이렇게 말할 것입니다. 그렇지만 70평생을 산다고 해도, 80살을 산다고 해도 잠깐 동안입니다. 설사 100년을 살면서 지구 땅덩어리의 온 재산을 전부 내 살림살이로 만든다고 해봅시다. 부처님은 무량아승지겁 전부터 성불해서 또 무량아승지겁이 다하도록 온 시방법계를 내 집으로 삼고 내 살림살이로 삼았는데 그 많은 살림살이를 어떻게 계산하겠습니까?

인생 100년 생활이라는 것이 아무리 부귀영화를 하고 잘 산다고 해도 미래겁이 다하도록 시방법계, 시방불토에서 무애자재한 그런 큰 생활을 한 그것에 비교한다면 이것은 티끌 하나도 안 됩니다. 조그마한 먼지 하나도 안 됩니다. 내용을 보면 10원짜리도 안 됩니다.

그러나 10원짜리도 안 되는 이 인생을 완전히 포기해서 남을 위해서만 살고 어떻게든 남을 위해서만 노력합니다. 그러면 저 무량아승지겁, 억척만겁 전부터 성불해 있는 그 나라에 들어가고 그 나를 되찾게 되는 것입니다. 결국에는 10원짜리 나를 희생하여 여러 억천만 원이 넘는 '참나'

를 되찾게 되는 것입니다. 그러면 괜찮은 장사가 아닙니까. 장사를 하려면 큼직한 장사를 해야 합니다. 내가 중심이 되어 사는 것은 공연히 10원, 20원 가지고 죽니 사니 칼부림을 하는 그런 식 아닙니까?

아주 먼 옛날 부처님께서는 배고픈 호랑이에게 몸을 잡아먹히셨습니다. 몸뚱이까지 잡아먹히셨으니 말할 것이 없을 정도입니다. 이것은 배고픈 호랑이를 위한 것도 있었지만 그 내용에는 큰 욕심, 큰 욕심이 있는 것입니다. 물거품 같은 몸뚱이 하나를 턱 버리면 그와 동시에 시방법계 큰 불국토에서 미래겁이 다하도록 자유자재한 대해탈을 성취할 수 있는 것입니다.

부처님께서 출가하신 것도 그런 것입니다. 나중에 크면 임금이 될 것이지만 이것도 가져 봐야 별것 아닙니다. 서 푼어치의 값도 안 되는 줄 알고 왕위도 헌신짝같이 차버리고 큰 돈벌이를 한 것 아닙니까?

또 순치황제順治皇帝 같은 사람은 만주에 나와서 수년 동안 전쟁을 하여 대청제국大淸帝國을 건설하였습니다. 중국 본토 이외에도 남북만주, 내외몽골, 티베트, 인도차이나에 이르는 대제국을 건설한 것입니다. 그래 놓고 가만히 생각해 보니 참으로 눈을 떠서 미래겁이 다하도록 해탈도를 성취하는 것에 비하면, 이것은 아이들 장난도 아니고 10원짜리 가치도 안 되는 것임을 알게 된 것입니다. 그래서 순치황제는 대청제국을 헌신짝처럼 팽개쳐버리고 그만 도망을 가버렸습니다.

금산사金山寺라는 절에 가서 다른 것도 아니고 나무하고 아궁이에 불이나 때는 부목負木이 되었습니다. 대청제국을 건설한 순치황제 같은 사람이 절에 가서 공부하기 위해 나무해 주고 스님 방에 불이나 때주고, 이렇게 되면 그 사람은 공부를 성취 안 하려야 안 할 수 없습니다.

순치황제가 출가할 때 "나는 본시 서방의 걸식하며 수도하는 수도승이었는데, 어찌하여 만승천자로 타락하였는고?[我本西方一衲子 緣何流落帝王家]" 하고 탄식하였습니다. 만승천자의 부귀영화를 가장 큰 타락으로 보고 그 보위寶位를 헌신짝같이 차버린 것입니다.

이것도 생각해 보면 욕심이 커서 그렇습니다. 대청제국이란 그것은 10원짜리도 못 되고, 참으로 눈을 바로 뜨고 보면 시방법계에서 자유자재하게 생활할 터인데 이보다 더 큰 재산이 어디 있겠습니까? 지나간 이야기를 한 가지 하겠습니다.

6·25사변 때 서울대학교에서 교수하던 문박사라고 하는 이가 나를 찾아와서 하는 말입니다.

"스님들은 어째서 개인주의만 합니까? 부모형제 다 버리고 사회와 국가도 다 버리고 산중에서 참선한다고 가만히 앉아 있으니 혼자만 좋으려고 하는 그것이 개인주의 아니고 무엇입니까?"

"그래요? 그런데 내가 볼 때는 스님들이 개인주의가 아니고 당신이 바로 개인주의요!"

"어째서 그렇습니까? 저는 사회에 살면서 부모형제 돌보고 있는데, 어째서 제가 개인주의입니까?"

"한 가지 물어보겠는데, 당신은 여태 50평생을 살아오면서 내 부모 내 처자 이외에 한번이라도 남을 생각해 본 적 있습니까? 양심대로 말해 보시오."

"그러고 보니 참으로 순수하게 남을 위해 일해 본 적은 없는 것 같습니다."

"스님들이 부모형제 버리고 떠난 것은 작은 가족을 버리고 '큰 가족'을 위해 살기 위한 것입니다. 내 부모 내 형제 이것은 '작은 가족'이고, 이것을 버리고 떠나는 더 큰 목적은 모든 중생을 평등하게 보기 때문이지요. 그러니까 내 손발을 묶는, 처자권속이라고 하는 쇠사슬을 끊어버리고 오직 큰 가족인 일체 중생을 위해서 사는 것이 불교의 근본입니다. 내 부모 내 처자 이외에는 한번도 생각해 본 적이 없다는 당신이야말로 철두철미한 개인주의자 아니오?"

"스님 해석이 퍽 보편적이십니다."

"아니야, 이것은 내가 만들어 낸 말이 아니고 해인사의 팔만대장경판에 모두 그렇게 씌어 있어요. '남을 위해서 살아라' 하고. 보살의 육도만행六度萬行 6바라밀의 처음이 무엇인고 하니 베푸는 것입니다. 정신적으로 물질적으로 남을 돕는 것, 그것이 바로 보시입니다. 팔만대장경 전체가 남을 위해서 살라고 가르치고 있습니다."

"……"

"그러니 승려가 출가하는 것은 나 혼자 편안하게 좋으려고 그러는 것이 아니고 더 크고 귀중한 것을 위해 작은 것을 버리는 것입니다. 그래서 결국에는 무소유無所有가 되어 마음의 눈을 뜨고 일체 중생을 품안에 안을 수 있게 되는 거지요."

우리가 마음의 눈을 뜨려면 반드시 탐내는 마음 이것을 버려야 하는데, 탐욕을 버리려면 '나만을 위해서, 나만을 위해서' 하는 이 생각을 먼저 버려야 합니다. 전에도 이야기하지 않았습니까? 불공이라고 하는 것은 부처님 앞에 갖다 놓고 절하고 복 비는 것이 아니고 순수한 마음으로 남을 돕는 것이 불공이라고.

부처님께서 『보현행원품普賢行願品』에 아주 간곡하게 말씀하시지 않았습니까? 당신 앞에 갖다 놓는 것보다도 중생을 잠깐 동안이라도 도와줄 것 같으면 그것이 자기 앞에 갖다 놓는 것보다도 여러 억천만 배 비교할 수 없는 공덕이라고 말입니다.

이것은 결국 마음의 눈을 떠서 미래겁이 다하도록 영원한 큰 살림살이를 성취하게 되는 것입니다. 그러니 남을 도와주는 것이 부처님에게 갖다 놓은 것보다 비유할 수 없을 만큼 큰 공덕이 있다고 말씀하신 것입니다. 한 가지 예를 들겠습니다.

일본에 '나카야마 미키'라는 여자 분이 있습니다. 일본에서도 굉장한 부자로 살았는데, 어느 날 이 사람이 공부를 해서 마음의 눈을 떠버렸습니다. 눈을 뜨고 보니 자기 살림살이는 별것이 아니라는 것을 깨닫고 큰살림을 해야겠다 생각하고 남편에게 말했습니다.

"이제까지는 내가 당신 마누라였는데 오늘부터는 내가

당신 스승이에요. 내가 깨쳤어요! 내가 하나님이니까 내 말을 들으세요."

"이 사람이 미쳤나? 왜 이러지? 그래, 어떻게 하라는 거요?"

"우리 살림살이를 전부 다 팝시다. 이것 다 해봐야 얼마나 되나요. 모두 다 남에게 나누어줍시다. 그러면 결국에는 참으로 큰 돈벌이를 할 수 있습니다. 아주 큰 돈벌이가 됩니다."

그리하여 재산을 다 팔아서 모두 남에게 줘버렸습니다. 이제 내외는 빈손이 되었습니다. 밥은 얻어 먹으면서 무엇이든지 남에게 이익이 되는 것, 남에게 좋은 것, 남 돕는 것을 찾아다니면서 하는 것입니다. 그래서 여자의 몸으로 일본 역사상 유명한 큰 인물이 되었습니다. 조그만 살림살이를 나눠주고는 결국 돈벌이는 크게 한 것입니다.

내가 이렇게 말한다고 해서 '나도 큰 살림살이 한번 해봐야겠다' 이렇게 작정하고 집도 팔고 밭도 팔고 다 팔 사람 있습니까?

그렇게 되면 얼마나 좋겠습니까? 자기 재산 온통 팔아서 가난한 사람들 나누어준다면, 그런 사람이 있다면, 내가 목탁 가지고 따라다니면서 그 사람을 위해 아침저녁으로 예불하며 모실 것입니다.

설사 그렇게까지 극단적으로는 못하더라도 우리의 생활 방침은 어떻게 해서든지 남을 위하는 것이어야 합니다. 남을 위하는 이것이 참으로 나를 위하는 것인 줄을 알아야 합니다. 남을 위하는 것이 참으로 나를 위한 것이고 나를 위해 욕심 부리는 것은 결국 나를 죽이는 것입니다. 남을 위해 자꾸 노력하면, 참으로 남을 돕는 생활을 할 것 같으면 결국에는 마음의 눈을 떠서 청천백일青天白日을 환히 볼 수 있는 것입니다. 그러니 어려운 것을 많이 할 것 없이 한 가지라도 남을 돕는 생활을 해보자는 것입니다.

우리 불교가 앞으로 바른 길로 서려면 승려도 신도도 모두 생활 방향이 남을 돕는 데로 완전히 돌려져야 합니다. 승려가 예전같이 산중에 앉아서 됫쌀이나 돈푼이나 가지고 와서 불공해 달라고 하면 그걸 놓고 똑딱거리면서 복 주라고 빌고 하는 그런 생활을 계속 하다가는 불교는 앞으로 영원히 사라지고 맙니다.

절에 다니는 신도 역시 그렇습니다. 남이야 죽든 말든 전혀 상관없이 살다가 내 자식은 어디가 조금만 아파도 쌀 한두 되 짊어지고 절에 가서는 "아이고, 부처님, 우리 자식 얼른 낫게 해주십시오." 하는 이런 식의 사고방식을 가져서는 참된 부처님의 제자가 아닙니다.

승려도, 신도도 부처님 제자가 아닙니다. 이렇게 해서는 아무 발전이 없습니다. 산중에 갇혀서 결국에는 아주 망하고 맙니다. 그런데 안타까운 것은 불교 승단에는 승려 전문 대학이 없다는 것입니다. 마을에서도 그렇지 않습니까. 마을 사람들도 논을 팔아서라도 자식을 공부시키려고 합니다. 자식 공부시키는 것이 가장 큰 재산인 줄을 알기 때문입니다.

우리 불교에서도 승려를 자꾸 교육시켜야 합니다. 자기도 모르는데 어떻게 포교하며 또 어떻게 남을 지도하겠습니까? 그래서 어떻게 해서든, 나중에는 법당의 기왓장을 벗겨 팔아서라도 '승려들을 교육시키자' 하는 것이 내 근본생각입니다. 이것은 앞으로 종단적인 차원에서 꼭 해야 할 것입니다.

이제 결론을 말씀드리겠습니다.

모든 생명이 억천만 겁 전부터 본래 부처이고 본래 불국토에 살고 있는데 왜 지금은 캄캄 밤중에서 갈팡질팡하는가? 마음의 눈을 뜨지 못해서 그렇습니다. 그렇다면 마음의 눈을 뜨는 방법은 무엇인가? 화두를 부지런히 참구해서 깨치든지 아니면 남을 돕는 생활을 해야 합니다. 떡장사를 하든, 술장사를 하든, 고기장사를 하든 무엇을 하는 사람이든지 화두를 배워서 마음속으로 화두만 하면 되는 것입니다. 그러니 마음속으로 화두를 하고 행동은 남을 돕는 일을 꾸준히 할 것 같으면 어느 날엔가는 마음눈이 번갯불같이 번쩍 뜨여서, 그때에야 부처님께서 말씀하신 무량아승지겁 전부터 본래 부처이고 본래 불국토에 살고 있다는 그 말씀을 확실히 알게 되는 것입니다. 그때부터는 참으로 인간 세상과 천상의 스승이 되어서 무량대불사無量大佛事를 미래겁이 다하도록 하게 될 것입니다.

  그때는 춤뿐이겠습니까? 큰 잔치가 벌어질 텐데.

  그렇게 되도록 우리 함께 노력합시다.

원수 갚는
방법

저 원수를 보되

부모와 같이 섬겨라

이것은 『원각경圓覺經』에 있는 말씀입니다. 중생이 성불 못하고 대도大道를 성취 못하는 것은 마음속에 수많은 번뇌, 팔만사천 가지 번뇌망상이 있기 때문입니다. 이 많은 번뇌 가운데서 무엇이 가장 근본 되는 것인가. 그것은 증애심憎愛心, 미워하고 좋아하는 마음이라고 부처님께서 말씀하셨습니다. 그래서 선가의 3조 승찬대사는 『신심명信心銘』에서 이렇게 말했습니다.

다만 증애심만 떨어지면

통연히 명백하도다.

이 증애심이 실제로 완전히 떨어지려면 대오大悟해서 대무심大無心 경계를 성취해야 합니다. 무심삼매에 들어가기 전에는 경계에 따라서 계속 증애심이 발동하므로 이 병이 참으로 고치기 어려운 것입니다.

그러나 우리 불자들은 대도를 목표로 하므로 부처님 말씀을 표준삼아 이것이 생활과 행동의 기준이 되어야 합니다. 또 한편으로 생각하면 내가 가장 미워하는 사람, 나에게 가장 크게 죄를 지은 사람을 '부모와 같이 섬겨라' 하는 것은 무리한 요구일 것입니다.

'나쁜 사람을 용서하라'거나 '원수를 사랑하라'는 것은 또 모르겠지만 원수를 부모같이 섬기라 하니, 이것은 부처님께서나 하실 수 있는 말이지 다른 사람은 감히 이런 말조차 못할 것입니다.

그런데 사실 불교에서는 '용서'라는 말 자체가 없습니다. 용서라는 말이 없다고 잘못한 사람과 싸우라는 말은 물론 아닙니다. 상대를 용서한다는 것은 나는 잘했고 너는 잘못했다, 그러니 잘한 내가 잘못한 너를 용서한다는 이야기인데, 그것은 상대를 근본적으로 무시하고 하는 말입니다. 상대의 인격에 대한 큰 모욕입니다.

불교에서는 '일체 중생의 불성은 꼭 같다[一切衆生 皆有佛性]'고 주장합니다. 성불해서 연화대 위에 앉아 계시는 부처님이나 죄를 많이 지어 무간지옥無間地獄에 있는 중생이나 자성自性 자리, 실상實相은 똑같습니다. 그래서 아무리 죄를 많이 짓고 아무리 나쁜 사람이라도 겉을 보고 미워하거나 비방하거나 한층 더 나아가서 세속말로 용서란 있을 수 없습니다.

그러면 어떻게 해야 하는가?

아무리 죄를 많이 지었고 나쁜 사람이라도 그 사람을 부처님같이 존경하라는 것입니다. 이것이 우리 불교의 생명이라 해도 과언이 아닙니다. 부처님을 실례로 들어도 그와 같습니다. 부처님을 일생 동안 따라다니면서 애를 먹이고 해치려고 온갖 수단을 가리지 않던 사람이 '제바닷타[調達]'입니다.

보통 보면 제바닷타가 무간지옥에 떨어졌느니 산 채로 지옥에 떨어졌느니[生陷地獄] 하는데 그것은 모두 방편입니다. 중생을 경계하기 위한 방편입니다. 어찌 됐건 그러한 제바닷타가 부처님에게는 불공대천의 원수인데 부처님은 어떻게 원수를 갚았는가?

성불成佛, 성불로써 갚았습니다.

죄와 복을 깊이 통달하여
시방세계에 두루 비추었다

착한 일 한 것이 시방세계를 비춘다고 하면 혹시 이해할는지 모르겠습니다만, 악한 짓을 한 무간지옥의 중생이 큰 광명을 놓아서 온 시방법계를 비춘다고 하면 아무도 이해하지 않으려 할 것입니다.

가장 선한 것을 부처라 하고 가장 악한 것을 마귀라 하여 이 둘은 하늘과 땅 사이[天地懸隔]입니다마는, 사실 알고 보면 마귀와 부처는 몸은 하나인데 이름만 다를 뿐입니다. 그러므로 아무리 죄를 많이 지었다 해도 그 사람의 자성에는 조금도 손실이 없고, 아무리 성불했다 하여도 그 사람의 자성에는 조금도 더함이 없습니다. 그러므로 마귀와 부처는 한 몸뚱이이면서 이름만 다를 뿐 동체이명同體異名입니다. 비유하자면 겉에 입은 옷과 같은 것입니다.

제바닷타가 아무리 나쁘다고 하지만 그 근본 자성, 본모습은 부처님과 조금도 다름이 없습니다. 그래서 부처님께서 나중에 제바닷타가 성불하여 크게 불사佛事를 하고 중생을 제도한다고 했습니다. 제바닷타가 성불한다고 『법화경』에서 수기授記하였습니다.

이것이 불교의 근본정신입니다. 부처님이 말씀하신 "원수를 보되 부모와 같이 섬긴다"는 이것이 우리의 생활, 행동, 공부하는 근본지침이 되어야 하겠습니다.

우리 불교에 들어오는 첫째 지침은 '모든 중생을 부처님과 같이 공경하고 스승과 같이 섬겨라'입니다. 우리 불교를 행하는 사람은 누구든지 착한 사람, 나쁜 사람은 물론 소나 돼지나 짐승까지도 근본자성은 성불하신 부처님과 조금도 다르지 않다는 것을 알고 부처님과 같이 존경을 해야 합니다.

그러니까 우리 불교 믿는 사람은 상대방이 떨어진 옷을 입었는지 좋은 옷을 입었는지 그것은 보지 말고 '사람'만 보자는 말입니다.

옛날 이런 이야기가 있습니다.

나라에 큰 잔치가 있어서 전국의 큰스님들을 모두 초청했습니다. 그때 어떤 스님 한 분이 검박한 생활을 하고 있었는데 그 잔치에 초청되었습니다. 본시의 생활 그대로 낡

은 옷에 떨어진 신을 신고 대궐문을 지나려니 문지기가 못 들어가게 쫓아내는 것입니다. 그래서 이번에는 좋은 옷을 빌려 입고 다시 갔더니 문지기가 굽신굽신하면서 얼른 윗자리로 모셨습니다.

한데 다른 스님들은 잘 차려진 음식들을 맛있게 먹고 있는 반면 이 스님은 음식을 자기의 옷에 들이붓기 시작합니다.

"스님, 왜 이러시오. 왜 음식을 자꾸 옷에다 붓습니까?"

"아니야, 이것은 날보고 주는 게 아니야. 옷을 보고 주는 것이지!"

그리고는 전부 옷에다 붓는 것입니다. 얼마나 좋은 비유입니까. 허름한 옷 입고 올 때는 들어오지도 못하게 하더니 좋은 옷 입고 오니 이렇게 대접하는 것입니다. 겉모습만 보고 사는 사람은 다 이렇습니다.

혹 이렇게 생각하는 사람도 있을 것입니다. "오늘 법문하시면서 큰 짐을 지워 주시네. 그건 부처님이나 하실 수 있지 우리가 어떻게 할 수 있나. 말 한마디만 잘못 해도 당장 주먹이 날아드는데 어쩌란 말인가." 하고 항의할 수도 있겠습니다.

그러나 사실은 그렇지 않습니다. 내가 지나간 실례를 몇 가지 들겠습니다.

첫번째 이야기

옛날에 현풍 곽씨 집안의 한 사람이 장가를 들었는데, 그 부인의 행실이 단정치 못했습니다. 시부모 앞에서도 함부로 행동하고, 의복도 바로 입지 않고, 언행이 전혀 공손치 않아 타이르고, 몽둥이로 때리기까지 하고, 별 수단을 다 해봐도 아무 효과가 없었습니다. 그렇다고 양반집에서 부인을 내쫓을 수도 없는 형편입니다. 그런데 하루는 그 사람이 『맹자孟子』를 펴놓고 읽다가 이런 구절에서 머무르게 되었습니다.

> 사람의 본성은 본래 악한 것 없이 착하다.
> 악한 이고 착한 이고 간에
> 누구든지 그 본성은 다 착하여 모두가 요순과 똑같다.

여기에 이르러 그 사람은 다시금 깨닫고 생각했습니다.
'본래 요순같이 어진 사람인데 내가 잘못 알았구나. 앞으로 우리 마누라를 참으로 존경하리라' 하고 마음먹었습니다.
예전에 양반집에서는 아침 일찍 사당에 가서 자기 조상에게 절을 했습니다. 이 사람이 다음날 아침 도포 입고 갓 쓰고 사당에 가서 절을 한 후에는 제일 먼저 자기 부인에게 넙죽 절을 했습니다. 부인이 자기 남편을 보니 미친 것 같습니다. 어제까지만 해도 자기를 보고 욕하고 때리더니 이게 웬일입니까. 더구나 정색으로 정장을 하고 절을 하니 말입니다.

"당신이 참으로 거룩합니다." 하면서 남편이 또 절을 합니다.

막 쫓아내는데도 한사코 따라다니며 절을 하고 이렇게 말합니다.

"사람이란 본시 모두 착한 것이오. 당신도 본래 착한 사람인데 내가 잘못 보고 욕하고 때렸으니 앞으로는 당신의 착한 성품만 보고 존경을 하렵니다."

이렇게 하기를 한 달 두 달이 지나다 보니 부인도 자기의 본래 성품이 돌아와서 "왜 자꾸 이러십니까. 이제는 나도 다시는 안 그럴 테니 제발 절은 그만 하십시오" 하는 것입니다.

"당신이 요순임금과 똑같소. 그런 당신을 보고 내가 어찌 절을 안 할 수 있겠소?" 하며 여전한 남편의 기색에, 결국 부인도 맞절을 하기 시작했습니다.

"당신이 날보고 요순이라고 하는데 진짜 요순은 바로 당신입니다." 하면서 서로가 요순이라고 존경하며 행복하게 부부로 살게 되었습니다. 앞에서 말했듯이, 부처님만이 할 수 있는 일이 아니고 누구든지 할 수 있다는 이야기입니다.

두번째 이야기

내가 6·25사변 후 통영 안정사 토굴에서 살고 있을 때의 이야기입니다.

하루는 진주에서 신도들 30여 명이 와서 이런 얘기 저런 얘기를 하던 중에 한 신도가 30년 동안 자기 영감하고 말을 안 한다고 산다는 것입니다. 내가 깜짝 놀라서 물었습니다.

"그게 정말입니까?"

"예, 그렇습니다."

"불교 믿는 부처님 제자라고 하면서 딴 사람도 아니고 아들 딸 낳고 함께 사는 영감하고 30년이나 말을 안 하고 산다니 도저히 이해를 못하겠습니다."

그랬더니 그 이유를 말하는 것입니다.

아들 딸 몇을 낳고 난 후에 남편이 작은 마누라를 얻어 나가고 자기는 거들떠보지도 않더라는 겁니다. 살림이고 뭐고 싹 쓸어가 버리고, 남은 자식들 데리고 먹고 살며 공부시키려니 그 고생이 말로 다 할 수 없었다는 것입니다. 그래서 자기가 평생 고생한 것을 생각하면 분이 복받쳐서 말도 하기 싫다는 거였습니다. 다 듣고 난 다음에 내가 물었습니다.

"나에게 좋은 방법이 하나 있는데 시키는 대로 하겠습니까?"

"예, 하겠습니다."

"그러면 법당에 올라가서 부처님께 삼천배를 하되 '스님께서 시키는 대로 꼭 하겠습니다' 하는 원을 세우고 절을 하시오."

그랬더니 밤을 새워서 삼천배를 하고 내려왔습니다.

"지금 당신은 당신의 남편이 작은 부인을 얻어서 나를 이렇게 만들고 괄시를 했다 하는 원한이 맺혀서 30년 동안 말도 안 하고 원수같이 지냈는데, 그것은 잘못 생각한 것입니다. 영감도 본래 부처님과 조금도 다름없는 착한 사람이니까 오늘 돌아가는 길로 당신 집으로 가지 말고, 가게에 가서 술하고 좋은 안주 사가지고 작은 부인 집으로 찾아가십시오. 부엌에 가서 손수 상을 차려서 영감님께 올리고 큰절을 하는 것입니다. 그리고 말하길, '영감님 제가 죽을죄를 지었습니다. 스님의 말씀이 영감님이 참으로 부처님 같다고 했는데, 내가 그것을 모르고 이제껏 말도 안 하고 지냈습니다. 그 허물이 너무나 큽니다만 아무쪼록 용서해 주십시오.'라고 하면 당신이 참으로 부처님을 뵙게 될 것입니다."

그 사람은 실제로 내가 시키는 대로 했습니다. 영감이 보니 마누라가 미쳤단 말입니다. 아무리 얘기를 하려고 해도 막무가내이던 사람이 술 받고 안주 만들어 와서 절하며 잘못했다고 비니 하도 이상해서 물었습니다.

"당신 도대체 어떻게 된 거요?"

"토굴에서 공부하시는 스님께 가서 영감 이야기를 하고 법문을 들었는데, 영감같이 착한 사람이 없다고 하면서 영감이 부처님과 똑같은 어른이라고 하십디다. 그래서 제가 지금 영감을 부처님이라고 생각하면서 절을 했던 것입니다."

그러자 가만히 듣고 있던 영감이,

"아! 불교가 그런 것인가."

하고는 그만 크게 발심發心을 했습니다. 그 후로는 철저한 불교신도가 되어서, 부인이 새벽으로 기도하러 갈 때는 꼭꼭 같이 다니고, 나중에는 진주에서 신도회 회장까지 했습니다.

그러니까 근본은 상대방을 보되, 겉모습만 보지 말고 본래 성품을 보아야 합니다. 모든 사람이 다 부처님이기 때문입니다.

『보살계菩薩戒』 서문에 보면 이런 말씀이 있습니다.

"넓게 비치는 진로업혹문이 모두 보현보살의 진법계다[普照塵勞業惑門盡是普賢眞法界]."

진로업혹문이란 중생의 나쁜 짓을 총망라한 말인데, 아무리 중생이 나쁜 짓을 한다 할지라도 겉보기만 그럴 뿐 실제는 전부 보현보살의 진법계라는 말입니다.

아무리 나를 해롭게 하는 사람이 있다 하더라도, 상대를 부모와 같이 부처님과 같이 섬겨야 된다는 말입니다. 우리 불자들은 이와 같은 사상을 잘 알아서 실천해야 하겠습니다.

전에도 한번 이야기한 적이 있습니다만 기독교 믿는 사람 몇이 삼천 배 절하러 왔길래 이렇게 말했습니다.

"절을 할 때 그냥 하는 것이 아니고, 하나님 제일 반대하고 예수님 제일 욕하는 그 사람이 제일 먼저 천당에 가도록 기원하면서 절하시오."

그랬더니 참 좋겠다고 하면서 절 삼천배를 다 했습니다.

이것을 바꾸어 생각해 보십시오.

"우리 부처님 제일 욕하고 스님들 제일 공격하는 그 사람이 극락세계에 제일 먼저 가도록 축원하고 절합시다."

이제는 우리 불자들에게도 이런 소리를 할 때가 왔다는

생각이 듭니다. 이것이 바로 '저 원수를 보되 부모와 같이 섬겨라'는 말인 것입니다.

부처님께서도 그렇게 말씀하셨습니다. 원수를 부모와 같이 섬기게 되면 일체 번뇌망상과 일체 중생의 병은 다 없어진다고 말입니다. 중생의 모든 병이 다 없어지면, 그것이 부처입니다. 그렇게 해서 성불하는 것입니다. 우리가 성불을 목표로 하고 사느니 만큼 부처님 말씀을 표준삼아서 그렇게 살아가야 합니다. 그때그때 자기감정에 치우쳐 살려고 하면 곤란합니다.

한편으로는 또 이런 의심도 할 수 있을 것입니다.

"기독교에서는 치고 들어오는데 자꾸 절만 하고 있으면 불교는 어떻게 되나? 상대가 한 번 소리 지르면 우리는 열 번 소리 질러야 겁나서 도망갈 텐데, 가만히 있다가는 불교는 씨도 안 남겠다. 자! 일어나자."

그렇게도 생각할 수 있겠지만 그것은 잘못된 것입니다. 그럴수록 자꾸 절하고, 그런 사람을 위해서 기도하고 축원하는, 그런 사상으로 모든 사람들에게 선전하고, 그런 사상으로 일상생활을 실천해 보십시오. 불교는 바닷물 밀듯 온 천하를 덮을 것입니다. 그것이 생활화되면 모든 사람이 감동하고 감복하여 '불교가 그런 것인가!' 하여 불교 안 믿으려야 안 믿을 수 없게 될 것입니다.

그렇다면 장애는 어느 곳에 있는가? 저쪽에서 소리 지른다고 이쪽에서 같이 소리 지르면 안 됩니다. 저쪽에서 주먹 내민다고 이쪽에서도 같이 주먹을 내놓아서는 안 됩니다. 불 지른다고 같이 불을 지르면 함께 타버리고 말 것입니다.

저쪽에서 아무리 큰 불을 가져오더라도 이쪽에서 자꾸 물을 들이붓는다면 어찌 그 물을 당할 수 있겠습니까. 결국 불은 물을 이기지 못할 것입니다. 나중의 성불成佛은 그만두고 전술戰術, 이기는 전술로 말하더라도 불에는 물로써 막아야지 불로 달려들어서는 안 됩니다. 근본은 어디 있느냐 하면, 모든 원수를 부모와 같이 섬기자, 하는 여기에 있습니다.

이제 법문의 결론을 말하겠습니다.

실상은 때가 없어 항상 청정하니
귀천노유에 상관없이 부처님으로 섬긴다.
지극한 죄인을 가장 존중하며
깊은 원한 있는 이를 깊이 애호하라.

모든 일체 만법의 참모습은 때가 없어 항상 청정합니다.

유정, 무정 할 것 없이 전체가 본래성불입니다.

옷은 아무리 떨어졌어도 사람은 성한 사람입니다. 그러니 귀한 이나 천한 이나, 늙은이나 어린이나 전부 다 부처님같이 섬기고, 극히 중한 죄를 지은 죄인까지도 받들어 모셔야 합니다. 동시에 나를 가장 해롭게 하는 사람을 부모같이 섬겨야 한다는 말입니다.

'심원해자심애호深怨害者深愛護!' 나를 가장 해치는 이를 가장 받든다. 이것이 우리 불교의 근본 자세입니다. 이것을 우리의 근본지침으로 삼고 표준으로 삼아서 생활하고 행동해야만 부처님 제자라고 할 수 있고, 법당에 들어앉을 자격이 있다고 생각합니다.

근본은 '원수를 부모와 같이 섬기자'는 여기에 있으니 만큼 우리 서로서로 노력합시다.

윤회의 실증을 위하여

지난 수천 년 동안에 많은 사람들에게 논란과 시비가 되면서도 완전히 결론을 내리지 못한 문제가 있습니다. 바로 영혼에 대한 문제입니다. 어떤 과학자나 철학자, 종교가는 영혼이 꼭 있다고 주장하는가 하면 또 어떤 학자들은 영혼 같은 것은 없다고 주장합니다. 이러한 싸움은 수천 년 동안 계속되어 내려왔습니다.

그러면 불교에서는 이 문제를 어떻게 취급하는가? 대승이나 소승이나 어느 경론을 막론하고 팔만대장경에서 부처님께서는 한결같이 생사윤회生死輪廻를 말씀하셨습니다. 사람이 죽으면 그것으로 끝이 아니고, 생전에 지은 업業에 따라 몸을 바꾸어 가며 윤회를 한다는 것입니다. 윤회는 우리 불교의 핵심적인 원리의 하나입니다.

그러면 윤회란 것은 확실히 성립되는 것인가? 근래 세계적인 대학자들은 윤회를 한다는 영혼 자체를 설명할 수 없다고 합니다. 그런데 어떻게 윤회를 설명할 수 있겠습니까?

그래서 이렇게 말하는 사람들도 있습니다. "윤회는 부처님께서 교화를 위해 방편方便으로 하신 말씀이지 실제 윤회가 있는 것은 아니다. 윤회가 있고 인과가 있다고 하면 겁이 나서 사람들이 행동을 잘하게 하려고 교육적인 방편으로 하신 말씀이다."

그런데 근래 과학이 물질만이 아니라 정신과학도 자꾸 발달함에 따라 영혼이 있다는 것이, 윤회가 있다는 것이, 또한 인과가 분명하다는 것이 점차로 입증되고 있습니다. 그렇다면 어떻게 해야 할 것인가? 어떤 방법으로 어떻게 하면 생사윤회를 벗어나는 해탈의 길이 열릴 수 있는가? 해탈의 내용은 어떤 것인가? 그런 의문들에 관해 이야기하고자 합니다.

이러한 문제들에 대한 확실한 판단을 내려야만 부처님 가르침을 따르는 제자로서, 또 신앙생활을 하는 데에나 불교를 포교하는 데에, 그리고 수행하여 성불하는 데에 근본적인 토대가 설 수 있는 것입니다. 이것을 바로 알고 바로 믿어야만 바른 행동을 할 수 있는 것입니다.

이제 불교에서 말하는 윤회는 세계의 많은 학자들에 의해서 그 베일이 벗겨지고 있습니다. 사람이 죽으면 그만이 아니고 다시 태어난다는 사실에 대해 세계적으로 많이 연구하고 있습니다. 그 중에서도 가장 신빙성이 높고 객관성을 띠고 있는 연구방법으로 전생기억前生記憶이라는 것이 있습니다.

대개 두서너 살 되는 어린아이들에게서 나타나는 것인데, 이들이 말을 배우게 되면서 전생 이야기를 하는 것입니다. "나는 전생에 어느 곳에 살던 누구인데 이러이러한 생활을 했다." 이런 식의 이야기를 합니다. 그 말을 따라서 조사를 해보면 모두 사실과 맞는 것입니다. 이것이 전생기억입니다. 한 가지 예를 들어 보겠습니다.

터키 남부의 '아나다'라는 마을에 '이스마일'이라는 어린애가 있었습니다. 그 집은 정육점을 하는데, 태어난 후 일 년 반쯤 되는 어느 날 저녁에 아버지와 침대에 누워 있다가 문득 이런 소리를 하는 것입니다.

"나는 이제 우리 집에 갈래요. 이 집에는 그만 살겠어요."

"이스마일아, 그게 무슨 소리냐. 여기가 네 집이지 또 다른 네 집이 어디 있어?"

"아니야, 여기는 우리 집이 아니야! 우리 집은 저 건너 동네에서 과수원을 하고 있어요. 내 이름도 '이스마일'이 아니고 '아비스스루무스'야. 아비스스루무스라고 부르세요. 그렇지 않으면 이제부터는 대답도 안 할 테야."

이러는 것입니다. 그러면서 또 말했습니다.

"나는 저 건너 동네 과수원집 주인인데 50살에 죽었어. 처음에 결혼한 여자는 아이를 못 낳아서 이혼하고 새로 장가를 갔어. 그리고는 아이 넷을 낳고 잘 살았지. 그러다가 과수원의 일하는 인부들과 싸움이 일어나서 머리를 맞아 죽었어. 마구간에서 그랬지. 그때 비명소리를 듣고 부인하고 애들 둘이 뛰어나오다가 그들도 맞아 죽었어. 한꺼번에 네 사람이 죽었지. 그 후 내가 당신 집에 와서 태어난 거야. 아이들 둘이 지금도 그 집에 있을 텐데, 그 애들이 보고 싶어서 안 되겠어."

그리고는 자꾸 전생의 자기 집으로 간다고 합니다. 그런 소리 못하게 하면 웁니다. 그러다가 또 전생 이야기를 합니다. 한번은 크고 좋은 수박을 사왔습니다. 이 어린애가 가더니 제일 큰 조각으로 쥐고는 아무도 못 먹게 하는 것입니다.

"내 딸 '구루사리'에게 갖다 줄 테야. 그 애는 수박을 무척 좋아하거든."

그가 말하는 전생에 살던 곳은 별로 멀리 떨어지지 않은 곳이어서 그 마을 사람들이 간혹 이스마일의 동네에 오기도 했습니다. 한번은 웬 아이스크림 장수를 보더니 뛰어나가서 말했습니다.

"내가 누군지 알겠어?"

알 턱이 있겠습니까?

"나를 몰라? 내가 '아비스스루무스'야. 네가 전에는 우리 과수원의 과일도 갖다 팔고 채소도 갖다 팔았는데 언제부터 아이스크림 장사하지? 내가 또 네 할례割禮도 해주지 않더냐?"

이렇게 이야기하는 것이 모두 사실과 맞는 것입니다. 이것이 자꾸자꾸 소문이 났습니다. 터키는 회교국으로서 회교 교리상 윤회를 부인하는 곳입니다. 그러므로 만약 재생을 주장하면 결국 그 고장에서 살 수 없게 되는 것입니다.

그래서 어른들은 '아비스스루무스'가 전생 이야기를 하지 못하도록 자꾸 아이의 입을 막으려고 하였으나, 우는 아이를 달래려면 도리가 없었습니다. 아이가 세 살이 되던 해입니다. 확인도 해볼 겸 아이를 과수원으로 데리고 갔습니다. 함께 가는 사람이 다른 길로 가려고 하면,

"아니야, 이쪽 길로 가야 해."

하면서 한번도 가보지 않은 길을 앞장서서 과수원으로 조금도 서슴지 않고 찾아 들어가는 것입니다. 과수원에는 마침 이혼한 전생 마누라가 앉아 있다가 웬 어린애와 그 뒤를 따라오는 많은 사람들을 보고 눈이 둥그렇게 되어 쳐다 보았습니다. 어린애는 전생 마누라의 이름을 부르며 뛰어가더니 다리를 안으며 말했습니다.

"너 고생한다."

어린 아이가 중년의 부인을 보고 '너 고생한다'라니. 부인은 더욱 당황했습니다.

"놀라지 마. 나는 너의 전생 남편인 '아비스스루무스'인데 저 건너 동네에서 태어나서 지금 이렇게 찾아왔어."

또 아이들을 보더니,

"사귀, 구루사리, 참 보고 싶었다."

하면서 흡사 부모가 자식을 대하듯 하는 것입니다. 그러더니 사람들을 자기가 맞아 죽은 마구간으로 데리고 갔습니다.

전에는 좋은 갈색 말이 한 필 있었는데 그 말이 안 보이니 어떻게 되었는지 묻고, 팔았다고 하니 무척 아까워했습니다. 그리고 그곳에서 일하던 여러 인부들을 보지도 않고서 누구누구, 한 사람씩 이름을 대면서 나이는 몇 살이고 어느 동네에 산다고 줄줄 이야기를 하는데 모두 맞습니다. 그런데 어떻게 전생의 과수원 주인이 아니라고 할 수 있습니까?

이것이 결국 세계적인 화젯거리가 되어 '이스마일'이 여섯 살이 되던 1962년 학자들이 전문적이고 과학적으로 조사 검토하기 위해 조사단을 조직하였습니다. 이때 일본에서도 다수의 학자들이 참여했습니다. 그 조사 보고서에서 보면 확실하고 의심할 수 없는 전생기억으로 다음과 같은 것이 있습니다.

그 과수원 주인이 생전에 돈을 빌려 준 것이 있었는데 '아비스스루무스'가 죽은 후 그 돈을 갚지 않았습니다. 그 돈 빌려 간 사람을 불렀습니다.

"네가 어느 날 돈 얼마를 빌려 가지 않았느냐. 내가 죽었어도 내 가족에게 갚아야 할 것이 아니냐. 왜 그 돈을 떼어먹고 여태 갚지 않았어?"

돈 빌려 간 날짜도 틀림없고 액수도 틀림없었습니다. 안 갚을 수 있겠습니까! 이리하여 전생의 빚을 받아냈습니다. 이것은 죽은 '아비스스루무스'와 돈 빌려 쓴 두 사람 외에는 아무도 모르는 비밀이었습니다. 그런 것을 틀림없이 환하게 말하는데, 이것을 누가 어린애에게 말해 줄 것이며 또 어린애가 어떻게 알 수 있겠습니까? 이렇게 하여 '이스마일'은 '아비스스루무스'의 재생이라는 데에 확정을 짓고 보고서를 냈습니다.

앞에서 얘기한 '이스마일'의 예와 같은 전생기억의 사례는 학계에 보고된 것만 해도 무수히 많습니다. 그 중에 한두 가지만 더 이야기하겠습니다.

몇 해 전 스리랑카에서의 일입니다. 태어난 지 37개월 된 쌍둥이가 자꾸 전생 이야기를 하는 것입니다. 그래서 조사단이 아이를 전생에 살았다는 곳으로 데리고 갔습니다. 그리고는 근처의 주민들을 수백 명 모으고 그 가운데에 그 아이의 전생의 부모형제를 섞어 두었습니다. 그리고는 그 아이더러 전생의 부모형제를 찾아보라고 하였습니다. 그랬더니 그 많은 사람들 사이에서 "이 사람은 아버지, 이 사람은 어머니, 이 사람은 누나, 이 사람은 형님……." 하면서 가족을 한 사람 한 사람 다 찾아내는 것이었습니다.

또 세 살 되는 어느 아이는 전생 이야기를 하는데 그는 다이빙선수였다고 자랑했습니다. 그래서 물었습니다.

"지금도 다이빙할 수 있겠니?"

"그럼요, 할 수 있고말고요. 전에 많이 했는데요."

이리하여 세 살 되는 어린애를 높은 다이빙대 위에 올려놓게 되었습니다. 그러자 어린애는 다이빙을 하는 것입니다. 조금도 무서워하지 않고, 조금도 서툴지 않게 서슴없이 다이빙을 하는 것입니다.

전생기억이란 이런 식입니다. 또 흔히 보면 천재니, 신동이니, 생이지지生而知之니 하는 아이들이 있습니다. 태어나서부터 한번도 글을 배운 적이 없는데 글자를 다 아는 것입니다. 아무리 어려운 책을 보여도 모두 읽을 줄 아는 것입니다. 이런 것을 생이지지라고 하는데 나면서부터 다 아는 것입니다. 이 생이지지가 바로 전생기억입니다. 전생에 배운 것이 없어지지 않고 금생에 그대로 가지고 넘어온 것입니다. 또 처음 가보는 곳인데도 낯설지 않고, 처음 만난 사람인데도 친근감이 가는 경우는 전생의 기억이 희미하게 되살아나기 때문입니다.

그렇다면 전생기억을 가진 사람은 얼마나 되는가? 대부분의 사람은 우매하여 전생기억이 캄캄하지만 조금 희미한 사람도 있고 분명한 사람도 가끔 있습니다.

전생기억이 분명하여 증거가 될 만한 사람을 전문으로 조사 연구하는 학자와 단체가 있는데, 그 중에서 세계적으로 가장 유명한 이가 미국 버지니아대학에 있는 이안 스티븐슨입니다. 그는 세계 도처에 연락기구를 조직하여 전생기억을 가진 아이나 어른이 있어 연락을 하면 학자들을 보내서 갖가지 조사를 통해 확인하여 그것이 확실한가를 알아보도록 하는 작업을 계속했습니다. 그리하여 수년에 걸쳐 600여 명의 자료를 수집하였으며, 그 중 대표적인 20여 명에 대한 사례를 뽑아서 책으로 출판하였습니다. 바로 『윤회를 암시하는 스무 가지 사례』라는 책입니다. 이 책은 전생기억에 대한 보고서로는 가장 확신이 있는 유명한 책으로 세계 각국에서 많이 번역되어 있습니다. 그 이후 수년이 지난 1975년까지는 1천3백여 명에 대한 자료를 수집하였다고 합니다. 수십 명도 상당한 숫자인데 1천3백 명이라는 자료에 어떻게 반대할 수 있겠습니까?

또 전생기억 이외에 차시환생借屍還生이란 것이 있습니다. 사람이 죽어서 다시 나는 것이 아니고 내 몸뚱이는 아주 죽어버리고 남의 송장을 의지해서, 즉 몸을 바꾸어서 다시 살아나는 경우입니다. 1916년 2월 26일자 중국 〈신주일보

神州日報〉에 보도된 것입니다.

중국 산동성에 최천선崔天選이라는 사람이 살았습니다. 무식한 석공이었는데, 32살이 되는 해에 그만 병이 들어 죽었습니다. 장사지낼 준비를 다 마친 사흘째 되는 날입니다. 관에서 무슨 소리가 들리고 사람 기척이 나서 부랴부랴 관을 깨고 풀어 보니 죽었던 사람이 깨어나 멀뚱멀뚱한 눈으로 사람들을 쳐다보고 있는 것입니다.

"우리 아들이 죽었다가 다시 살아났다. 우리 아버지가 살았다."

그 부모, 부인, 자식들은 기뻐 어쩔 줄을 몰랐습니다. 그런데 가만히 보니 식구들을 하나도 못 알아보는 것입니다. 무엇이라고 말을 하는데 무슨 말인지 알아들을 수가 없었습니다.

'죽었다 깨어나더니 정신 착란이 되어서 집안 식구들도 못 알아보고 말도 알아들을 수 없는 소리를 하는가 보다' 이렇게 생각했습니다. 그렇게 또 며칠이 지났습니다. 그 동안 기운을 차리고 건강도 많이 회복되었습니다. 그런데도 여전히 식구들을 못 알아보고 또 말을 하는데 무슨 말인지 모르겠습니다. 본인도 퍽 답답한 것 같았습니다. 마침

주위에 붓과 벼루가 있는 것을 보더니 종이 위에 글을 쓰는 것입니다. 그런데 글을 아주 잘 씁니다. 본래는 일자무식一字無識인데. 그 글 내용을 보니, 이 사람은 중국 사람이 아니고 베트남 사람이었습니다. 그곳에서도 글은 한자를 쓰지만 말은 다릅니다.

"나는 베트남 어느 곳에 사는 유건중劉建中이라는 사람인데 병이 들어서 치료하기 위해 땀을 낸다고 어머니가 두터운 이불을 덮어 씌워 땀을 내다가 그만 깜박 잠이 들었는데 깨어나 보니 여기 이렇게 와 있다."라는 내용이었습니다. 자기는 죽어버리고 베트남 사람의 혼만 산동성으로 온 것입니다.

이것도 일종의 전생입니다. 전생이란 것이 반드시 몸뚱이가 죽고 어머니 뱃속에서부터 다시 나는 것만이 아니고 죽은 육신이 그대로 다시 살아나는데 영혼만이 바뀌는 경우가 있습니다. 이것을 차시환생이라고 합니다. 남의 육체를 빌려 다시 태어나는 것을 말합니다.

그가 기력을 완전히 회복한 후 중국말을 조금씩 가르쳐 주었습니다. 여러 달 동안을 가르쳐서 중국말을 조금씩 할 수 있게 되었습니다. 그러나 자꾸 전생에 살던 곳으로 가려고 하는 것입니다. 이것이 자꾸 소문이 났습니다.

 나중에는 북경대학에서 데리고 가서 여러 가지로 정신감정을 해보고 치료도 하였습니다만, 정신은 조금도 이상이 없었습니다. 또 그가 말한 베트남에 사람을 보내어 조회를 해보았습니다. 과연 유건중이란 사람이 살다가 죽었다는 것이 확실하고 또 그가 말한 전생의 일이 모두 다 사실이었습니다. 그러니 최천선이라는 사람이 죽었다 깨어났는데, 베트남 유건중의 혼이 산동성 최천선의 몸을 빌려 환생했다는 것이 완전히 증명된 것입니다. 이런 일은 참 희귀한 일이라고 하여 정부에서 이 사람에게 내내 연금을 주었습니다. 이것은 세계적으로 유명한 사건이 되었습니다.

 지금까지 이야기한 것은 모두 당사자가 전생기억을 갖고 있어서 이야기하는 경우들입니다만, 또 심리학에서 전생을 조사하는 방법이 있습니다. 심리학에서는 최면술을 사용하여 그 사람의 전생을 알 수 있는 방법이 연구된 것인데, '연령퇴행年齡退行'이라는 것입니다. 최면을 걸어서 최면 상태에서 사람의 연령을 자꾸자꾸 후퇴, 역행시키는 것입니다.

 즉 스무 살 되는 사람을 최면을 걸어서 열 살로 만듭니다. 그러면 열 살 먹은 사람이 되어 그때의 행동이나 말을 그대로 하는 것입니다. 또 네 살이 되도록 만듭니다. 그러면 네 살 때의 노래를 하고 행동을 하는 것입니다. 한 살로 만들어 놓으면 울기만 합니다. 말도 못하고. 이런 것을 연령퇴행이라고 하는 것인데 심리학에서 인정하는 것입니다.

의학에서도 이것을 인정하고 있습니다. 어떤 사람이 병이 났는데 아무래도 그 원인을 알 수 없을 때 연령퇴행을 시켜서 그 원인을 조사해 봅니다. 그러면 10년이나 20년 전의 옛날에 그 원인 되는 것이 있음을 알 수 있습니다. 그러면 이것이 전생 문제와는 어떤 관계가 있는가? 연령퇴행을 하여 한 살로 만들어 둡니다. 그러면 4, 50세 되는 사람도 손발을 바둥거리고 빽빽 울면서 어린애 몸짓만 할 뿐입니다. 이번에는 "네가 태어나기 1년 전, 2년 전에는 어디 있었느냐?" 하고 묻습니다. 그러면 주소 성명이 완전히 바뀌어 버립니다.

예를 들어 여기 해인사 골짜기에 사는 사람을 연령퇴행을 시켜 한 살까지 가는 것입니다. 그리고는 태어나기 3년 전을 묻는 것입니다. 그러면 주소 성명이 바뀌어져서 전라도 어느 곳의 누구라든지, 일본 어느 곳 사람이라든지, 사람이 완전히 달라집니다. 그때부터는 과거의 기억으로 돌아가는 것입니다. 이것을 정신과학에서 전생회귀前生回歸라고 합니다. 전생으로 돌아간다 이 말입니다. 전생으로 돌아가서 한 생뿐만이 아니고 이생, 삼생 …… 수십 생까지 올라가는 방법입니다.

심리학에서는 인간의 정신 상태를 세 가지 단계로 나눕니다. 지금 이렇게 이야기하는 것은 의식 상태입니다. 의식 상태 안에 잠재의식이 있고 잠재의식 속에 무의식 상태가 있습니다. 이것은 의식이 완전히 끊어진 그런 상태입니다.

프로이드가 잠재의식은 어지간히 연구하여 발표하였지만 무의식에 대해서는 별로 공을 세우지 못했습니다. 이 무의식 상태에 대해 큰 공을 세운 사람이 바로 영국의 캐논 박사입니다. 그는 원래 정신과 의사인데 영국 국가에서 주는 가장 최고의 명예인 나이트^{Knight} 작위까지 받은 대학자로 영국, 프랑스, 이탈리아, 서독, 미국 등 5개국 학술원의 지도교수이기도 합니다. 그의 가장 큰 공적은 전생 조사에 있습니다.

그도 처음에는 과학자의 입장에서 영혼도 있을 수 없고 윤회도 없다고 철두철미 부정하였습니다. 그러나 최면술을 이용한 무의식 상태에서 전생회귀를 시켜 보니 자꾸 전생이 나타나는 것이었습니다. 연령퇴행하여 열 살, 한 살, 출생 이전으로 시간을 되돌리면 전생, 삼생, 십생 ……, 저 로

마시대로까지 역행되어 전생이 나타나는 것이었습니다. 이런 것들을 다른 사실의 기록과 조사해 보면 모두 맞는 것입니다. 이렇게 하여 1천3백여 명에 대한 전생 자료를 수집하여 1952년, 『인간의 잠재력』이라는 책으로 출판하였습니다.

이 캐논보고서에 의하면 병이 들어서 아무리 치료를 해도 낫지 않는데 전생회귀를 통해서 조사를 해보면 그런 병들이 전생에서 넘어온 것으로, 그 전생의 발병 원인에 의거해서 치료하니 병이 낫는 것이었습니다. 이것이 유명한 전생요법으로 거기에 보면 이런 사례가 있습니다.

어떤 사람이 물만 보면 겁을 냅니다. 바다를 구경한 적도 없고 큰 강 옆에 살지도 않았습니다. 그런데도 물만 보면 겁을 내는데 아무리 치료를 해도 소용이 없었습니다. 그래서 전생회귀를 시켜 보니 그는 전생에 지중해를 내왕하는 큰 상선의 노예였습니다. 그런데 상선의 상인들에게 죄를 지어서 쇠사슬에 묶인 채 바닷물 속으로 던져져서 빠져 죽었던 것입니다. 그때 얼마나 고생을 했겠습니까? 그러니 금생에 물만 보면 겁을 내는 것입니다. 이 원인에 의거해서 치료를 하니 병이 나았습니다.

또 한 사람은 높은 계단을 무서워 오르지 못하는 것입니다. 그 사람의 전생을 보니 그는 전생에 중국의 장군인데 높은 낭떠러지에서 떨어져 죽었습니다. 그래서 높은 곳만 보면 겁을 내는 것이었습니다.

이런 캐논보고서의 사례에 의거해서 학자들이 전생 요법을 개발하여 요즈음 세계적으로 크게 유행하고 있습니다. 1977년 10월 3일자 〈타임〉지에 보면 이에 관해 자세히 소개되어 있습니다. 세계적으로 권위 있는 잡지에서 자신 있게 보도할 때에는 부인하기 어려운 것입니다. 이처럼 전생이 있다는 것은 물론이고 병 치료에 있어서도 전생요법이 세계적으로 유행하게 되었는데도 전생과 윤회에 대한 의심을 갖는다면 불교를 믿지 말아야 할 것입니다.

인과문제에 대해 가장 큰 공을 세운 사람은 미국의 에드가 케이시로 그에 관해서는 전기도 많이 나와 있습니다. 그를 '기적인'이라고 부르는데 기적을 행사하는 사람이라는 뜻입니다. 어떤 기적을 행사하느냐 하면, 남의 병을 진찰하는 데 주소 성명만 가르쳐 주면 수천 리나 멀리 떨어져 있어도 그 병을 모두 진찰할 수 있습니다. 그리고서 처방을 내고 병을 치료하는 데 다 낫는다는 것입니다. 이렇게 하여 무려 3만 명 이상이나 치료를 했습니다.

미국 뉴욕에 앉아서 영국 런던에 있는 귀족들을 진찰할 수 있으며, 이탈리아의 로마에 있는 사람들도 진찰할 수 있습니다. 이것뿐만이 아닙니다. 어떤 사람은 자기 친구가 영국 런던에 갔는데 지금 어디서 무엇을 하고 있는지 케이시에게 물어봅니다. 그의 답을 듣고서 바로 뉴욕에 전화를 해보면 그의 말이 그대로 맞습니다.

케이시가 병을 진찰해 보면 그 원인이 전생에서 넘어오는 것이 많은 것을 알았습니다. 그런데 그는 기독교도였습니다. 기독교에는 전생이 없지 않습니까? 그래서 자기의 종교와 반대되는 것이라고 하여 병 치료하는 것을 그만두려고 했습니다. 그러나 주위의 학자들이 종교와 학문과는 다르다고 그를 설득하여 이것을 학문적으로 끝까지 조사해 보자고 의논이 되었습니다. 이리하여 병 치료하는 것은 그만두고 전생 조사를 본격적으로 시작하여 2천5백 명의 전생을 조사하였습니다.

그의 사후에도 버지니아 비치에서는 그의 원거리 진찰과 전생투시前生透視에 대한 수많은 기록을 많은 학자들이 연구하고 있으며 많은 책들이 발행되고 있습니다. 그 중에서도 특히 『초능력의 비밀』과 『윤회의 비밀』, 이 두 권은 공산국가를 제외한 거의 모든 국가에서 번역되었습니다. 에드가 케이시의 전생투시에 의한 전생과 금생과의 인과를 보면 이렇습니다.

어떤 사람은 자식을 낳고 사는 부부간에도 그 사이가 무척 나쁩니다. 그 전생을 알아 보니 서로가 원한이 맺힌 사이입니다. 내외간에 잘 지내는 사람을 알아 보니 전생에 아버지와 딸 관계이거나 혹은 어머니와 아들 관계입니다. '어떻게 그럴 수가 있을까?' 하겠지만 우리들이 몰라서 그렇지 본래 인과란 그렇게 맺어지는 것입니다.

우리들이 업장은 두텁고 눈은 어두워 이해가 가지 않으니 곤란한 것입니다. 숙명통*을 하여 전생을 환히 들여다볼 수 있으면 별 문제가 없겠지만, 그래서 이런 때에 현대의 과학자들이 연구한 전생과 윤회 및 인과에 대한 좋은 자료를 소개하면 부처님 말씀을 믿고 이해하는 데 보탬이 되지 않겠느냐는 것입니다.

지금까지 이야기해 왔듯이 부처님이 말씀하신 '윤회를 한다, 인과가 있다'라는 것은 현대의 과학적 자료로도 충분

---

* 숙명통(宿命通): 전생의 일을 훤히 아는 능력

히 설명이 되는 것입니다. 내가 항상 하는 말이지만 이 우주의 진리를 다 깨달은 부처님께서 윤회를 말씀하셨으니 이것을 믿으면 그만입니다. 캐논이라든지 케이시라든지 하는 과학자가 중요한 것이 아닙니다. 부처님께서 3천여 년 전에 모두 말씀하셨는데 현대 과학이 이에 가까이 오고 있는 것뿐입니다.

그러니 불교 믿는 사람은 부처님 말씀 중에서 이해가 안 되는 것은 우선 내 이해가 부족한 줄 알아야 합니다. 무조건 배척하거나 반대할 것이 아니라 스스로 체험하며, 알고 또 바르게 실천하도록 노력합시다.

영혼은 있다

　　　　　불교에서 말하는 윤회는 세계의 여러 학자들에 의해서 그 궁금증과 신비가 차차 벗겨지고 있습니다. 사람이 죽으면 그만인 것이 아니라 다시 태어난다는 사실에 대해 지금 세계 곳곳에서 많은 사람들이 연구하고 있습니다.

　미국에 레이몬드 무디라는 철학자가 있습니다. 그가 대학에서 철학을 배울 때 의과대학의 정신과 교수를 만나게 되었는데 그 교수는 무디에게 이런 이야기를 들려주었습니다.

　"나는 수년 전에 두 번이나 죽었다가 깨어난 경험이 있다. 내가 죽은 뒤에 의사가 와서 사망을 확인하고 장사를 치를 준비를 하는 도중에 깨어난 것인데, 깨어나서 기억을 더듬어 보니 죽어 있는 동안이 깜깜한 것이 아니었다. 내 영혼이 죽어 있는 육체를 빠져나와 그것을 바라보고, 또 여러 가지 활동을 한 것을 기억한다."

그 정신과 교수는 죽었다가 깨어나는 순간까지의 자기가 경험했던 일을 자세히 이야기했는데, 듣는 사람의 처지에서는 너무나 허황된 꿈 이야기나 거짓말 같아서 믿을 수가 없었습니다.

무디는 그때 그 이야기를 들으며 그저 웃고 말았지만, 뒤에 자신이 철학교수가 되어 강의를 하고 있을 때 한 학생이 찾아와 상담을 요청하며 이야기하는 것을 듣고서부터 생각이 바뀌게 되었습니다. 그 학생은 무디 교수에게, 우리에게 가장 절실한 것이 삶과 죽음의 문제이므로 영생永生에 관해서 이야기를 하고 싶다고 말하였습니다. 그러면서 하는 말이 며칠 전에 그의 할머니가 돌아가셨다가 깨어났다고 하면서 그때 할머니가 경험한 것을 들은 대로 이야기해 주었습니다.

그 이야기는 무디 교수가 학생 시절에 앞의 정신과 교수에게서 들은 이야기와 똑같았습니다. 무디 교수는 이러한 경험담이 단순히 웃어넘기기에는 이상한 점이 있다고 생각하여 이에 대해 본격적으로 탐구해 보기로 결심했습니다.

그리하여 그는 새롭게 의학을 공부하여 환자들을 상대로 이런 경험담을 수집하기 시작했습니다. 그로부터 몇 해 뒤에 무디 교수는 150명의 사례를 수집하여 그것을 1975년에 책으로 출판할 수 있었습니다. 그리고 그 사례를 보면 사람들은 거의 모두 다음과 같은 공통되는 경험을 겪었음을 알 수 있습니다.

"처음 죽었을 때는 캄캄한 어떤 터널 같은 곳을 빠져나간다. 그곳을 빠져나오면 자신의 신체가 침대 위에 누워 있는 것이 보인다. 그래서 '이상하다. 내가 왜 이렇게 누워 있을까? 내가 죽었는가'라는 생각을 한다. 그리고는 아주 밝은 광명이 나타난다. 그 광명 속에서 자기가 지나간 한 평생에 걸쳐 겪은 모든 일들이 잠깐 동안에 나타난다. 그 뒤에 자기가 아는, 이미 죽은 사람들이 나타난다. 서로 위로도 하고 소식도 묻고 이야기도 나눈다. 그뿐만이 아니다. 영혼은 이 방, 저 방으로 돌아다니면서 의사들이 자기를 살리려고 온갖 노력을 다하는 것이라든지 가족들이 장사 지낼 의논을 하는 것이라든지 또는 다른 방에서 일어나는 것들을 모두 볼 수 있다. 그런데 아무리 눈앞에 보이는 그 살아 있는 사람들에게 말을 하려고 해도 말을 할 수가 없다."

죽었다가 다시 깨어난 뒤 이런 이야기를 하면 사람들은 좀처럼 믿으려 하지 않습니다. 그러나 비록 이미 죽은 사람의 영혼을 만났다는 사실은 증명할 수가 없지만, 죽은 뒤에 그의 가족들이 한 이야기는 그 자리에 있던 사람들이 다 들었으니 유력한 증거가 됩니다.

이미 의사에 의해 죽었다고 판정되면 그 육신은 한갓 물체에 불과합니다. 그러니 귀가 있어도 들을 수 없고 눈이 있어도 볼 수가 없습니다. 더구나 시신은 머리끝까지 흰 천으로 덮어 놓았으니, 설령 거짓으로 죽었다고 해도 볼 수는 없습니다. 그런데 죽었다 되살아난 사람은 자기가 죽어 있는 동안에 가족들이 한 이야기와 그들이 어디에 있었으며, 무슨 행동을 했는지 상세하게 이야기하는데 실지와 조금도 다름이 없습니다. 누구든지 그 이야기를 들으면 놀라지 않을 수 없는 것입니다.

결국 이런 사실로 미루어볼 때 사람이 죽고 나면 그것으로 끝나는 것이 아니라 몸뚱이는 죽었어도 무엇인가 활동하는 활동체가 있어서 보고 듣는다는 것이 확인되었습니다. 그러나 죽었다가 깨어났다고 해서 누구나 이런 기억을 갖고 있는 것은 아닙니다. 어떤 사람은 아주 캄캄하여 아무 기억이 없다고도 합니다.

무디 교수는 이런 경험을 가진 사람들의 사례를 수집하여 책으로 엮었습니다. 그 책이 처음 출판되자 세상 사람들은 깜짝 놀랐습니다. 그래서 각 나라 말로 번역 출판되었는데, 우리나라에서도 『잠깐 보고 온 사후의 세계』 또는 『죽음의 세계』라는 제목으로 출판된 적이 있습니다.

레이몬드 무디 교수의 연구가 세상에 알려지게 되자 그동안 영혼이나 죽음의 세계에 대해 연구를 해오면서도 인정을 받지 못했던 사람들의 결과가 다시 주목받기 시작하여 여러 사람들이 새롭게 조사에 착수하였습니다. 이것을 전문 용어로 근사경험近死經驗이라고 하고, 또 영어로는 약어를 써서 엔디이NDE Near Death Experience라고 하며, 이에 대한 연구를 근사연구近死研究라고 합니다.

많은 사람들의 연구 결과 근사경험에 관한 사례는 수천 건이 수집되었는데, 그런 학자들 중에 가장 이름난 사람이 미국의 시카고대학에 있는 퀴블러 로스라는 여자 교수입니다. 이 교수는 무디 교수의 발표 이전에 이미 많은 자료를 수집해 놓고 있었습니다. 무디 교수가 자신이 출판하려는 원고를 가지고 와서 퀴블러 로스 교수에게 출판을 상의

한 적도 있었습니다. 퀴블러 로스 교수는 그 원고가 자신이 수집한 자료와 같고 또 결론도 동일하여 무디 교수의 책에 서문만 써 주고 자신의 책은 출판하지 않았던 것입니다.

무디 교수는 1977년 두 번째 책인 『사후생死後生에 대한 회고』를 출판하여 좀 더 자세하게 근사경험에 대해 발표했습니다. 여기에서 그는 죽음 뒤에도 삶이 있음을 확신한다고 결론을 내리고 있습니다.

이런 연구에 대해서 영혼이나 정신을 유물론적으로 보는 소련의 학자들은 이의를 제기합니다. "사람의 신체 중에서 뇌세포는 맨 나중에 소멸하므로 아직 죽지 않은 뇌세포에서 발생하는 일종의 환상일 뿐이지 죽은 뒤에 실제로 어떤 활동체가 있어서 활동하는 것은 아니다."라고 합니다.

이러한 주장은 많은 학자들에게 공감을 주기는 했지만 여기에는 시간의 문제가 있습니다. 소생기억이 1, 2분 동안의 사망에 불과한 것이라면 몰라도 적어도 한두 시간이나, 길면 이틀이나 사흘씩 죽었다가 깨어나는 경우에는 그런 주장이 성립될 수 없습니다. 왜냐하면 육체가 죽은 뒤에도 뇌세포만이 몇 시간 동안 또는 며칠 동안 살아 있다는 것은 결코 있을 수 없는 일이기 때문입니다. 이렇듯이 근사경험이라고 하는 소생기억에 대한 반대 의견은 현재까지는 이렇다 할 만한 뚜렷한 자료나 근거를 뒷받침하고 있지 못한 실정입니다.

사후에 영혼이 있다는 주장에 관한 오래되고 유명한 기록이 플라톤의 『공화국』에 있습니다. 그 이야기는 이렇습니다. 어느 군인이 전사하였습니다. 여러 날이 지난 뒤에 그 시체를 고향으로 옮겨서 장사를 치르게 되었습니다. 그런데 시체를 화장하려고 장작더미에 올려놓는 바로 그 순간에 그 군인이 되살아났습니다. 그는 깨어난 뒤에 자신이 죽어 있는 동안에 활동한 여러 가지를 이야기하였습니다.

이런 오랜 이야기도 무디 교수의 조사 사례와 일맥상통하는 점이 많음을 간과할 수는 없습니다.

다음의 사건은 1848년 3월 31일에 일어났던 것입니다.

미국의 뉴욕 주에 하인즈 빌이라는 촌락이 있었습니다. 하루는 이 마을에 독일계 사람으로 폭스라는 사람이 이사를 와서 살게 되었습니다. 폭스가 이사 온 지 며칠이 지난 어느 날, 누군가 밖에서 문을 두드렸습니다. 그때 폭스는 저녁 식사를 마친 뒤 가족과 둘러앉아 이야기를 하고 있었기에 문 두드리는 소리에 그냥 들어오라고 소리쳤지만 아무 응답이 없었습니다. 그래서 다시 가만히 있노라니 또 문을 두드리는 소리가 들리고 나가 보면 아무도 없고 해서 나중에는 큰 소리를 쳤습니다. 그러자 문 밖에서 소리가 들렸습니다. 그 목소리의 주인공은 자기는 사람이 아니고 영혼이라고 말하면서, 이름은 로스이고 이 집에서 죽었는데 자신의 시신이 지하실에 묻혀 있으니 그것을 파내서 장례를 치러 달라고 호소하는 것이었습니다. 폭스의 가족들은 놀라서 경찰을 불러 지하실을 파 보니 과연 시신이 나왔습니다.

그런데 경찰이 생각해 보니 폭스가 이사 온 지 얼마 되지도 않았는데 지하실에 시신이 묻혀 있는 곳을 정확히 아는 것을 수상히 여겨 폭스를 연행했습니다. 그런데 그 다음 날 또 영혼이 나타나서 말하기를, "나를 장례까지 치러 주었는데 이렇게 고생을 시켜 미안하다."고 하며 자기를 죽인 사람은 앞집에 살던 죠지 백이라고 일러주는 것이었습니다. 경찰이 다시 그 죠지라는 사람을 잡아 조사를 해 본 결과, 과연 그가 살인범이라는 것이 밝혀졌습니다.

이 이야기가 전국에 퍼져나가자 사람들은 영혼은 과연 존재하고 인간이 영혼과 접촉할 수도 있다는 사실을 인식하게 되었습니다. 그리하여 1851년에는 영국의 캠브리지대학에서 심령학회가 조직되었으며, 그로부터 1세기도 더 지난 1972년 12월에는 미국 로체스터에서 열린 국제회의에서 '하인즈 빌 사건'을 기념하는 기념비를 세울 것을 결의하여 뉴욕 73번가에 8m 높이로 기념비를 세운 한편, 영혼의 존재에 대하여 활발한 조사와 연구가 진행되었습니다.

그 밖에도 영혼이 나타났다는 일화는 많이 전해지고 있습니다. 다음 이야기는 신문에도 몇 번 보도가 된 것입니다.

미국의 트루먼 대통령 재임 시에 네덜란드의 유리아나 여왕이 미국을 방문한 적이 있습니다. 여왕은 백악관에서 묵게 되었는데, 한밤중에 밖에서 문을 두드리는 소리에 잠에서 깨어나 자기의 시녀인 줄 알고 문을 열어 주었습니다. 그런데 놀랍게도 문 앞에는 링컨 대통령이 서 있는 것이었습니다. 링컨 대통령은 너무나 잘 알려져 있는 터라 한눈에 그 얼굴을 알아볼 수가 있었습니다. 여왕은 그렇지 않아도 백악관에 영혼이 나온다는 이야기를 들은 적이 있었는데 실지로 그 장면을 목격하게 되자 너무 놀라서 소리를 지르며 정신을 잃고 말았습니다.

옆방의 시녀들이 비명소리를 듣고 뛰어나와서 여왕을 간호했는데 그때까지 링컨 대통령의 영혼은 그 자리에 서 있었습니다. 그래서 시녀들도 영혼을 보게 되었습니다. 만일에 여왕이 혼자서 보았다면 환상이나 착각이라고 할 수 있겠지만 시녀까지 함께 보았으니 그것은 틀림없는 사실일 수밖에 없습니다. 다음 날 아침 트루먼 대통령에게 그 이야기를 했더니 그 역시 링컨 대통령의 영혼을 여러 번 보았다고 하는 것이었습니다. 루즈벨트 대통령 시절에도 그 부인이 링컨 대통령의 영혼을 보았다고 증언한 적이 있습니다.

이 사건은 거짓말이라고 하여 무시하기에는 너무도 증거가 뚜렷합니다. 그래서 자주 이런 일이 일어나니까 영혼 사진을 찍어 보자고 해서 사진을 찍어 신문에 보도한 적도 있습니다. 그 사진은 나도 본 적이 있는데 링컨 대통령이 살아 있던 때의 모습과 완전히 똑같았습니다.

이렇게 영혼이 있다는 사실이 갈수록 뚜렷하게 증명되고 있습니다. 영혼을 본 사람들의 이야기를 종합해 보면 그 특징을 다음의 다섯 가지로 간추릴 수 있습니다.

첫째로, 영혼은 모양을 드러냅니다. 그것을 여러 사람이 봅니다.

둘째로, 영혼은 말을 합니다. 이 말하는 것도 여러 사람이 듣습니다.

셋째로, 영혼은 사람 눈에만 보이는 것이 아니라 짐승의 눈에도 보입니다. 한 예로 여러 사람이 함께 사냥을 나갔을 때에 영혼이 나타나면 말이나 개들도 겁이 나서 숨는다고 합니다.

넷째로, 영혼이 물체를 이동시킵니다. 잠가 놓은 문을 연다든지 방안의 물건을 이리저리 옮겨 놓기도 합니다.

다섯째로, 영혼사진을 찍는 것이 가능합니다. 영혼을 보았다는 수많은 사람들의 증언이 있지만 그래도 그것을 믿기는 어렵습니다. 그러나 영혼을 사진으로 담는 데에 성공했다면 믿지 않을 수가 없을 것입니다.

영혼사진이 최초로 성공한 것은 지금부터 1백여 년 전인 1861년 미국 뉴욕에 살던 멈러 씨에 의해서입니다. 하루는 멈러 씨가 교외에 가서 풍경사진을 찍었습니다. 그런데 집에 와서 현상을 해보니 나무 밑에 어떤 사람이 앉아 있는 것이었습니다. 그가 사진을 찍을 때는 나무 밑에 아무도 없었기 때문에 그는 이상하게 생각했습니다. 그 뒤에 멈러 씨는 다시 그곳에 가서 사진을 찍으면서 주위를 두루 살피고 아무도 없음을 확인하였습니다. 그러나 현상을 해보면 역시 사람이 앉아 있는 것입니다. 이것을 여러 차례 반복을 해보았으나 결과는 늘 마찬가지였습니다. 멈러 씨는 너무 이상해서 그 사진을 들고 인근 주민에게 물어보았습니다. 그랬더니 사진에 나타난 사람은 5년 전에 이미 죽은 사람이라는 것이었습니다. 멈러 씨는 그래서 이번에는 주민들과 함께 다시 그 자리에 가서 사진을 찍어 보았는데 마찬가지로 죽은 사람이 나타나는 것이었습니다. 결국 이로 말미암아 멈러 씨의 사진은 영혼사진이라고 소문이 났습니다. 그때부터 그는 영혼사진사로 유명해지기 시작했습니다. 그래서 여러 사람들이 그에게 와서 사진을 찍기도 하였습니다.

하루는 친달 부인이라는 여자가 그에게 와서 면사포로 얼굴을 가리고 사진을 찍어 달라고 했습니다. 촬영을 마치고 현상을 해보니 부인의 어깨에 양손을 얹고 있는 링컨 대통령의 모습이 나타났습니다. 그래서 그 부인에게 물어보았더니 자신이 링컨 대통령의 미망인이라는 것입니다. 사진을 찍기 전에 미리 링컨 대통령의 미망인이라고 하면 링컨 대통령의 사진을 구해다가 거짓된 영혼사진을 찍는 일이 있지 않을까 해서 그 부인은 신분을 숨기고 얼굴까지 가리고 사진을 찍었던 것입니다. 그 뒤로 멈러 씨는 더욱 유명해지고 큰돈도 벌게 되었다고 합니다.

멈러 씨가 이렇게 유명해지자 정부 당국에서 조사를 하기 시작했습니다. 자기들의 상식으로는 도저히 납득이 되지 않았기 때문입니다. 결국 이 사건은 대법원까지 올라가게 되어 마침내는 과학자, 철학자, 심리학자, 언론인까지 동원시켜 조사하게 되었습니다. 조사단은 멈러 씨와 함께 그가 처음으로 영혼사진을 찍었던 곳에 가서 다시 사진을 찍게 한 뒤에, 모두가 엄중하게 지켜보는 가운데에서 현상을 해보았습니다. 그런데 이번에도 어김없이 영혼의 모습이 나타나는 것이었습니다. 그래서 대법원도 그의 사기혐의에 관해 결국 무죄판결을 내렸습니다. 이것이 멈러 씨의 영혼사진 사건인데 1869년 4월 22일자 〈뉴욕타임즈〉에 상세히 보도된 적이 있습니다.

이 사건으로 말미암아 많은 사람들이 영혼사진에 관심을 갖기 시작했습니다. 그 중에서는 직접 사진을 찍는 데에 성공한 사람도 있는데, 그가 영국의 허드슨입니다.

그 당시에 월레스라는 유명한 박물학자가 있었는데, 그는 다윈과 같이 진화론을 주장한 사람입니다. 월레스는 허드슨의 영혼사진 이야기를 듣고 허드슨에게서 자기도 사진을 찍어 보았습니다. 그랬더니 자신의 사진에 죽은 어머니의 모습이 함께 찍혀 나오는 것이었습니다. 월레스는 그 사진을 보고 영혼사진이 존재함을 인정하고 정식으로 학계에 그 사진을 첨부해서 보고서까지 제출했다고 합니다. 월레스와 같은 대과학자가 영혼사진에 대해서 거짓으로 증언할 리가 없으므로, 이것은 믿을 수밖에 없는 일입니다.

대체로 영혼사진을 찍으면 거기에 나오는 영혼이 어느때, 어느 곳 사람인지 알 수 없는 경우가 많은데, 영국의 호프라는 사람은 신분이 확인된 영혼사진을 무려 3천 장이나 촬영하는 데 성공했습니다. 이쯤 되면 그 누구도 영혼사진을 무시할 수가 없을 것입니다.

영국의 유명한 철학자이며 과학자인 크룩스도 호프에게 가서 사진을 찍어 보았습니다. 그랬더니 사진에 자신의 죽은 부인이 함께 나타나는 것이었습니다. 이때부터 크룩스 씨도 영혼사진이 결코 거짓이 아닌 사실임을 증언하게 되었습니다.

이렇듯이 영혼사진은 많은 사람이 직접 찍고 또 이름난 과학자나 저명인사들이 그것을 직접 확인하고 나서 스스로 증언까지 하게 됨으로써, 상당히 신빙성 있는 것이 되었습니다. 그래도 믿을 수 없다 하여 모두 거짓이라고 한다면 어쩔 수 없겠지만, 일이 이 정도가 되면 영혼이 있다는 것은 의심할 수가 없을 것입니다.

영혼사진을 찍는 것이 가능하다면 그와 관련해서 한 가

지 의문이 생깁니다. 곧 영혼이란 정신체인데, 죽은 사람의 정신체인 영혼이 카메라에 비친다고 하면 산 사람의 정신 작용도 카메라에 나타나야 하지 않겠느냐는 것입니다.

미국의 세리우스라는 사람이 이에 관하여 12년에 걸쳐 연구하여 마침내 성공하였습니다. 카메라를 준비해 두고 그 앞에서 자동차를 생각하고 있으면 자동차가 사진에 나타나고, 빌딩을 생각하면 빌딩이 찍힙니다. 머릿속에서 생각하는 대로 모두 사진이 되어 나오는 것입니다. 이것이 유명한 생각사진[念寫]이라는 것으로, 세리우스는 이런 사진을 여든 장쯤 찍었습니다. 그때에 아이젠버드라는 교수가 이 사람에 대해 의혹을 가지고 3년 동안 연구하였습니다. 속임수가 있는가 하여 이리 연구하고 저리 연구하고 또 이렇게 실험해 보고 저렇게 실험해 보았으나, 결국 그것이 거짓이 아님을 알게 되었습니다. 과연 생각하는 대로 사진에 나타나는 것이었습니다. 그리하여 아이젠버드 교수는 『세리우스의 세계』라는 책을 출판하여 세계적으로 유명해졌습니다.

이제 생각사진까지 입증되고 보니, 어떻게 눈에 보이지 않는 영혼을 사진으로 찍을 수가 있느냐는 의문은 더 이상 나올 수가 없게 되었습니다. 따라서 영혼이 다만 눈에 보이지 않는다고 해서 부정할 수는 없는 것입니다.

우리나라에도 옛날이야기에 보면 영혼이 있음을 시사하는 이야기가 많이 전해 옵니다. 이를테면 어떤 선비가 산속에서 길을 잃고 헤매다가 아름다운 아가씨를 만나게 되어 함께 살았다는 이야기가 있습니다. 이렇게 함께 살던 어느 날, 그 아가씨가 친정에 간다고 해서 따라가 보면 집에 들어가서 나오지를 않는 것입니다. 그래서 기다리다 못해 들어가서 물어보면 그 아가씨는 이미 죽은 사람인데 그 날이 바로 그 여자의 제삿날이라고 하는 것입니다. 결국 산 사람이 영혼과 함께 살았다는 이야기가 됩니다.

이와 같은 사례가 옛날이야기로만 전해 오는 것이 아니라 현대에 와서도 영국에서 실제로 일어났습니다. 영혼을 기술적인 방법으로 산 사람처럼 나타나게 해서 같이 살 수 있다고 합니다. 이렇게 하는 것을 '영혼의 물질화'라고 하는데, 앞에서 영혼사진을 입증했던 크룩스라는 학자가 바로 이 작업에 성공했습니다.

그는 케디 킹이라는 여자의 영혼을 물질화시켜 여섯 달 동안 함께 생활하였습니다. 말하는 것이나 행동하는 것 따위가 보통 사람과 똑같았습니다. 아이들에게 글도 가르쳐 주고, 이야기도 하고, 손님이 오면 접대도 하는 등 어떤 일이든 할 수 있었습니다. 다만 다른 점이 있다면 먹지 않는다는 것과 몸무게를 달아 보아도 무게가 없다는 것입니다.

그리고 어떤 사람이 그 여자의 머리카락을 잘라서 싸 가지고 자기 집에 가서 펴 보았더니 머리카락이 온데간데없다고 합니다. 또 바로 옆에서 머리카락을 자르면 땅에 떨어지는 순간 사라지고 만다고 합니다.

세계적으로 유명한 대과학자인 크룩스가 영혼을 물질화시켜서 여섯 달 동안이나 함께 지낸다고 하자 그 소문이 영국 내에 모두 퍼졌습니다. 그리하여 그때의 유명한 사람들 가운데 꽤 많은 사람이 그 케디 킹이라는 영혼과 함께 사진을 찍었습니다. 그때 찍은 사진이 수천 장이나 되는데 내게도 여러 장이 있습니다.

지금까지 근사近死경험이니 영혼사진이니 하는 것들에 대하여 소개했습니다. 그것은 단순한 흥미거리로서 한 이야기가 아닙니다. 바로 일체만법이 불생불멸이라는 사실을 입증하기 위해서 한 이야기들입니다. 물질적인 현상뿐만이 아니라 정신적인 면에서도 불생불멸한다는 사실이 여실히 증명된 것입니다.

전생의 일을
알고자 한다면

영혼이 불생불멸이라면 역사 이래로 수많은 사람이 태어나고 죽는 일이 거듭되어 왔는데 그 많은 영혼이 어디에 있는지 궁금해집니다. 이 우주에 가득 차 있는지, 아니면 따로 영혼만이 사는 나라가 있는지가 궁금한 것입니다.

불교에서는 근본적으로 윤회를 주장합니다. 그러나 한때는 학자들이 윤회설은 인간들에게 권선징악을 가르치기 위한 방편일 뿐이라고 주장한 적도 있었습니다. 그런데 영혼이 존재한다는 사실이 입증되고, 불생불멸이 과학적으로 증명되자 이러한 주장은 사라지게 되었습니다. 실지로 전생과 윤회가 있다는 사실이 많은 사람들에 의해 조사되었을 뿐만 아니라 이제는 과학적인 통계까지 나와 있습니다.

불교에서는 6도六道윤회를 이야기합니다. 6도란 지옥·아귀·축생·아수라·인간·천상의 여섯 세계를 의미합니다. 사람은 자신이 지은 업에 의해 6도를 윤회합니다. 인간이 되기도 하고 개나 소 같은 축생이 되기도 하니, 이 윤회는 바로 자신이 행한 바에 따라서 결정이 되는 것입니다. 그러나 이것은 자기의 앞날의 일이 전생에 이미 정해져 있다는 결정론이나 숙명론과는 다릅니다. 흔히 사람들은 자기에게 나쁜 일이 닥치면 자기의 업이나 팔자 탓으로 돌리는 경우가 많습니다. 그리고 자기는 아무리 잘해도 업이 두텁고 팔자가 그러니 어쩔 수 없다고 포기하는데 이것은 잘못된 생각입니다. 비록 현재 받는 과보는 지난날의 업에 의한 것이라도, 그것을 극복하고 새로운 선업을 닦는 것은 지금의 자기 자신의 의지입니다. 물속에 있는 무거운 돌을 입으로만 떠오르라고 외친다면 떠오르지 않습니다. 그 돌을 떠오르게 하려면 스스로 힘을 쓰든지 기계의 힘을 빌리든지 하는 구체적인 노력을 기울여야 합니다. 마찬가지로 자신의 업을 소멸시키기 위해서는 스스로 노력하는 것이 최선의 길입니다.

이러한 윤회사상은 부처님께서 최초로 하신 말씀은 아닙니다. 부처님 이전에도 있었지만 이것이 진리임에는 틀림없기 때문에 부처님의 가르침으로 믿는 것입니다. 결국 이 윤회사상에 의하면 영혼은 따로 거처가 있는 것이 아니고, 생을 거듭하면서 몸을 바꾸어 나타나는 것입니다.

티베트 지방에 전하는 경전 중에 바르도 토에돌, 곧 『사자의 서』라는 책이 있습니다. 이것은 죽는 사람[死者]과 죽음에 대한 안내서로서, 죽는 사람에게 이 책을 읽어 주는 것만으로도 그 영혼은 해탈을 얻을 수 있다고 알려져 있습니다.

이 책은 세 부분으로 되어 있는데 첫째 부분 치카이 바르도는 죽음의 순간을 묘사하고 있고, 둘째 부분 초이니드 바르도는 죽음 직후에 잇달아 일어나는 꿈과 같은 상태를 설명하며, 셋째 부분 시드파 바르도는 출생 충동과 출생 이전의 과정에 관해 설명하고 있습니다.

이 책에 따르면 죽음에서 출생에 이르기까지는 보통 49일이 걸린다고 합니다. 그래서 이 기간 동안에 사자死者의 영혼이 나쁜 유혹에 빠지지 않도록 부처님의 말씀인 대승경전을 읽어 주거나, 또는 『사자의 서』에 나오는 글을 읽어 주면 좋은 곳으로 왕생할 수 있다고 합니다. 불교에서 사람이 죽으면 49재를 지내는 것은 이러한 믿음에서 비롯된 것입니다.

그런데 『사자의 서』에 나오는 죽음의 순간에 대한 기록을 보면, 근래의 연구인 죽었다가 깨어난 사람의 증언, 곧 근사경험과 너무 비슷합니다. 『사자의 서』에 보면 숨이 끊어질 때에 밝은 광명을 경험할 것이라 하면서 그것은 마음의 본래 상태라고 말하고 있습니다. 그리고 사자死者의 영혼은 친구들이나 친척들이 울부짖는 소리를 들을 수 있지만, 자기 자신이 그들을 부르는 소리는 사람들이 듣지 못하므로 마침내 사자는 실망하고서 사라져 간다고 합니다.

이 『사자의 서』는 티베트의 승려들 사이에서 비전秘傳으로 내려오다가 세상에 알려진 것은 1900년대의 일이니만큼, 어느 누가 이 책을 미리 보고 마치 죽음의 세계를 경험한 것처럼 꾸며서 말했다고는 볼 수 없습니다. 그렇다면 오랜 세월이 흘렀지만 예나 지금이나 죽음의 세계에 대한 경험은 똑같다는 것이 증명되는 셈입니다.

사람이 죽은 뒤에 다시 태어날 때까지의 영혼을 중음신中陰神 곧 바르도라고 합니다. 이 중음신은 전혀 다른 새로운 경험을 하면서 두려워하는 경우가 많다고 합니다. 이때 선업이 강하면 곧 안정을 되찾고 바로 다음 생으로 이어지게 됩니다. 그러나 그렇지 못하거나 가족 친지의 울음소리가 너무 강하게 들리면, 그만 세상에 집착하는 마음이 생겨 올바른 길을 찾아가지 못하고 허공을 헤매게 된다고 합니다. 그래서 불교에서는 사람이 죽으면 좋은 곳으로 왕생하라고 염불이나 경을 독송해 주는 것입니다. 이 중음신들은 자기의 업력業力에 따라 다음 생을 받아 다시 태어나는데 7일 만에 태어나는 경우도 있고, 49일을 채우고 태어나는 경우도 있다고 합니다.

지금까지 영혼이 있다는 것과 그 영혼이 다음 생을 받아 다시 태어나는 것에 대해서 이야기했는데, 이것이 종교적인 상상의 세계에 불과한 것이 아닐까 하고 많은 사람들이 의심을 품어 왔습니다. 윤회는 있을 수 없다고 생각하기 때문입니다.

산티 데비는 1926년 인도의 델리에서 태어났는데 세 살 때부터 자꾸 전생 이야기를 하는 것이었습니다. 자기는 전생에 무트라 지방에 사는 케다르라는 사람의 아내였는데 자기를 그곳으로 보내 달라는 것이었습니다. 산티 데비는 이 이야기를 시작으로 여러 가지 전생 이야기를 하였습니다. 산티 데비의 부모는 처음에는 아이가 정신이 좀 이상한 것이 아닌가 하고 걱정을 했습니다. 그러나 전생 이야기를 너무나 생생하게 하기 때문에 나중에는 무슨 곡절이 있을 거라고 생각했습니다. 그래서 어느 날 아이가 말하는 무트라 지방에 가서 케다르라는 사람을 찾아보았더니 과연 그런 사람이 살고 있었으며, 아이가 말한 대로의 생활을 하고 있었습니다. 산티 데비의 부모는 그 사람을 만나 이야기를 하였습니다. 자기 집에 일곱 살 되는 계집아이가 있는데 자꾸 전생 이야기를 하면서 당신의 아내였다고 하니 그것이 정말인지 확인해 보고 싶다고 했습니다. 그러면서 어느 날 몇 시에 자기 집으로 와서 확인해 보자고 제의했습니다.

산티 데비의 부모는 이렇게 비밀리에 약속을 하고 돌아왔습니다. 약속을 한 그 날에 케다르 씨는 산티 데비의 집을 방문하였습니다. 그가 문에 들어서자 이를 본 산티 데비는 깜짝 놀라며 반색을 하고 뛰어나가 그를 맞이하는 것이었습니다. 그러면서 "당신을 항상 생각하며 당신에게 가려고 해도 이 집에서 보내주지 않아서 못 갔다."고 하는 것이었습니다. 그리고는 전생의 남편인 케다르를 따라가겠다고 하는 것이었습니다. 산티 데비는 옆에 앉아서 이런저런 이야기를 계속하던 중에 자기가 죽으면 재혼하지 않겠다고 해 놓고 왜 장가를 갔느냐고 다그치기도 하였습니다. 또 자기 어머니에게 케다르가 좋아하는 음식을 말하면서 그것을 준비해 달라고도 했습니다. 이렇게까지 자신에 대해 상세히 말을 하자 케다르 씨는 그만 울음을 터뜨리고 말았습니다. 비록 어린아이지만 말하는 것이나 행동하는 것 등을 볼 때 전생의 자기 아내임이 틀림없었기 때문이었습니다.

산티 데비의 전생 이야기가 알려지게 되자 인도 정부에서는 정확한 사실을 확인하기 위해 조사단을 조직하였습니다. 조사단은 산티 데비를 데리고 무트라 마을에 가서 조사를 시작했습니다. 우선 집을 찾도록 했습니다. 산티 데비는 너무나 오랫동안 산 곳이라 눈을 감고도 척척 찾는 것이었습니다. 얼마쯤 가면 느티나무가 있는데 거기서부터 길이 좁아지니 거기서 차를 멈추어야 한다고 말하기도 했습니다. 이윽고 산티 데비는 앞장서서 옛날에 자기가 살던 집으로 들어가서 머리가 허연 노인에게 "아버님, 안녕하세요?" 하고 인사를 하는 것이었습니다. 그 노인은 전생의 시아버님이었습니다. 그리고 아이들을 불러서 한 사람씩 이름을 말하는데 모두 사실과 다름이 없었습니다.

산티 데비는 살림을 돌아보고 나서 살림이 궁색해졌다고 하며 지하실에 묻어 둔 금을 파서 살림에 보태 쓰자고 말하는 것이었습니다. 그리고 사람들을 데리고 지하실로 가서 가리킨 곳을 파 보았으나 빈 궤짝만 나오고 금은 나오지 않았습니다. 그래서 남편에게 물어보니 남편이 그 금을 파내어 썼다는 것이었습니다. 결국 그 이야기로 전생에 산티 데비가 지하실에 금을 묻어 둔 것은 사실임이 판명되었습니다. 그래도 조사단은 계속해서 의심을 품고 있었습니다. 그런데 한 가지 기이한 사실을 발견하게 되었습니다.

델리와 무트라는 아주 멀리 떨어져 있어서 말이 서로 달랐습니다. 산티 데비는 델리에서만 살았고, 아직 교육을 받은 적이 없기 때문에 무트라 지방의 말을 알 리가 없었습니다. 그런데 무트라 지방의 말을 하는 것이었습니다. 평범한 어린아이라면 무트라라는 지방이 있다는 것도 잘 모를 텐데 억양도 말씨도 틀림없는 그 지방의 말을 사용하는 것이었습니다. 이 점에서 조사단은 더 이상 의심을 할 수가 없게 되었습니다. 이러한 사실 외에도 여러 가지를 검증해 본 결과 조사단은 산티 데비가 전생의 케다르 씨의 아내가 환생한 것임이 틀림없다고 결론을 내렸습니다. 그래서 인도 정부에 다음과 같은 공식 성명서를 냈습니다.

"산티 데비의 환생 문제는, 더러 반대하는 의견을 갖고 있는 사람도 있으나, 전국적으로 권위 있는 사람들이 직접 상세히 조사해 본 결과 조금도 거짓말이 아닌 틀림없는 사

실임을 확인하였다."

그리하여 이 사건은 전 세계에 알려져 전생기억의 대표적 사례가 되었습니다. 그 후 산티 데비는 인도의 수도인 뉴델리에서 공무원으로 살고 있다고 하는데 지금은 나이가 많아 생존 여부는 확실하지 않습니다.

이안 스티븐슨은 정신과 교수로서 전통적인 의학에 대한 연구 경력이 있습니다. 그럼에도 불구하고 왜 이런 연구를 하게 되었는지에 대해 이렇게 대답하고 있습니다.

"정신의학과 심리학의 전통적인 이론은 인간의 성격을 유전과 환경의 영향이라고 하지만, 이들 복합적인 요인만으로는 만족스럽게 설명할 수 없는 사례들이 많기 때문에 그것을 규명해 보고자 했다."

그는 윤회를 한다고 정식으로 공포하지는 않았지만 그것이 사실임에는 틀림이 없다고 보았습니다. 왜냐하면 지식이나 경험에 의해 무의식적인 영향을 받는 어른들보다 자신의 기억을 해석하려고 들지 않는 어린이의 사례 조사에서 90퍼센트 이상의 정확성이 나타났기 때문입니다.

이안 스티븐슨 교수는 전생기억에 나타난 사례들에서 몇 가지 특징을 말하고 있습니다.

첫째는 전생기억과 연령과의 관계입니다. 대개는 태어난 지 두서너 살이 되면 전생을 말하기 시작합니다. 때로는 좀 더 나이가 들어서나 아니면 말을 시작하자마자 이야기하는 경우도 있습니다. 대체로 말을 잘 할 수 없는 시기의 전생기억이 좀 더 정확한 수가 많습니다. 어린아이가 전생에 대해 말하는 첫 말은 대개 자신이 알았던 사람의 이름이나 지명입니다. 그러다가 다섯 살에서 여덟 살 사이쯤 되면 어린이들은 전생기억을 잊어버립니다. 왜냐하면 이때가 되면 가정의 제한된 테두리를 벗어나 이웃과 학교에서 여러 가지를 경험하는 시기이기 때문입니다. 이렇게 점점 사라지는 전생기억 위에 새로운 경험이 축적되면서 전생기억은 아주 사라지는 것입니다.

둘째로, 전생을 기억하는 아이들은 어른스러운 태도를 보이거나 위엄과 지혜를 갖는 등 일반적인 아이들과는 그 행동이 다릅니다. 이러한 행동은 가족이나 다른 사람에게는 이상하게 보이지만, 본인에게는 당연한 행동이며 그것은 전생의 자기 모습과 일치하는 것입니다. 또 증언자들이 말하는 죽은 사람의 행동과도 일치합니다.

셋째로, 전생을 기억하는 아이들은 자기 육체의 생소함을 말하곤 합니다. 그들은 대개 자신이 작은 육체에 갇혀서 답답하다고 불평을 늘어놓곤 합니다.

넷째로, 전생을 기억하는 아이들이 가장 생생하고 선명하게 기억하는 것은 전생에서 죽음과 관련된 것이며, 바로 죽음의 순간에 대한 기억입니다. 그리고 특히 죽음에 대한 전생기억 중에서 교통사고나 살인, 전쟁과 같이 격렬하게 죽은 기억이 더욱 생생하다고 합니다. 이것은 그런 죽음을 당한 사람만이 환생한다는 의미는 아닙니다. 다만 그런 경우일수록 기억이 더 강렬하게 남아 있다는 말입니다.

격렬한 죽음의 경우, 전생기억을 하는 아이는 대개 죽음을 가져다 준 물건이나 환경에 대해 강한 공포심을 나타냅니다. 한 보기로서, 어떤 어린이는 전생에 다리 위에서 버스를 지나가게 하느라고 비켜서다가 물에 빠져 익사하였다고 기억했습니다. 그래서 그 아이는 다리, 버스, 물에 대해서 상당한 두려움을 갖고 있음을 알 수 있었습니다. 그 아이를 목욕시키려면 네 명의 어른이 강제로 붙잡아야 할 정도로 물에 대한 공포에 떤다고 합니다.

다섯째로, 사람과 환경의 변화를 안다는 것입니다. 만일에 처음 가는 집이라면 그 집이 어떻게 변하였고, 거기 사는 사람이 어떻게 변하였는지 보통의 사람은 알 수가 없습니다. 그러나 전생을 기억하는 경우에는, 처음 전생 집을 찾아갈 때 구조가 어떻게 변경되었다는 둥 가족 중에 누가 안 보인다는 둥 그 집의 변화를 말한다고 합니다.

여섯째로, 환생을 예견하는 꿈도 꾸기도 합니다. 아이를 출산하기 전에 어느 가정에 태어나기 위해 온다는 것을 꿈에 예고하는 경우가 있습니다. 이러한 꿈이 동서양에서 종종 화제가 되곤 합니다.

일곱째로, 임신 중의 비정상적인 식성을 들 수 있습니다. 우리가 일반적으로 알고 있기에는 임신을 하게 되면 평소에 잘 안 먹던 음식이나 제철이 아닌 음식에 대해 그 사람은 비상한 식욕을 느낍니다. 그것을 임신부의 변덕이라고 하여 별로 관심을 두지 않고 있습니다. 그런데 전생기억을 하는 어린아이의 경우, 전생에 좋아했던 음식을 이야기하는 것을 보면 그 음식이 바로 어머니가 임신 중에 먹고 싶어 했던 음식과 일치한다고 합니다.

여덟째로, 배우지 않은 기술을 갖고 있는 경우가 있습니다. 전생기억을 하는 어린이 중에는 배우지도 않은 기술을 갖고 있는 경우가 있습니다. 이것은 전생에 가졌던 기술을 그대로 유지하고 있기 때문입니다.

그러한 보기를 하나 들자면 벨기에에 로버트라는 소년이 있었는데, 이 소년은 어느 날 제1차 세계대전 때인 1915년에 죽은 자기 삼촌인 알버트의 초상화를 보더니 그것이 자기라고 주장하는 것이었습니다. 그런 일이 있은 뒤에 세 살이 조금 지나서 로버트는 부모와 같이 처음으로 수영장에 갔는데 멋진 동작으로 다이빙을 하여 물속으로 뛰어들었습니다. 알고 보니 그의 삼촌인 알버트는 훌륭한 수영선수였다고 합니다. 일반적인 수영은 세 살 정도의 어린아이도 할 수 있지만 다이빙은 그렇지 않다고 합니다. 그런데 수영장에 처음 온 아이가 다이빙을 멋지게 해내는 것을 보고 모든 사람이 그 아이가 전생의 알버트였음을 믿게 되었다고 합니다.

배우지도 않은 기술이 나타나는 가장 놀라운 사례는 외국어를 말하는 경우입니다. 프랑스의 유명한 생리학자이며 심리학자인 동시에 노벨 수상자이기도 한 샤를르 리히는 그러한 현상을 지노글로시라고 이름을 붙였습니다.

이안 스티븐슨은 이 지노글로시에는 두 가지 형태가 알려져 있다고 합니다. 첫째는 독백과 같은 것인데, 당사자는 이상한 언어의 조각들을 이해하지도 못하면서 자꾸 반복하는 것을 말합니다. 이것은 잠재된 기억 속에서 언어가 무의식적으로 도출되는 경우인데 본인은 그러한 사실을 인식하지 못한다고 합니다. 두 번째는 반응적인 경우인데, 이것은 직접 상대방과 그 외국어로 대화를 할 수 있습니다. 스티븐슨은 두 번째 경우인 반응적인 지노글로시의 사례는 죽음 이후의 인간의 윤회에 대해 중요한 증거가 된다고 말합니다. 곧 전생에 그 언어를 배웠거나 사용한 사람이 아니면 그처럼 유창하게 외국어를 구사한다는 것이 언어를 배우지도 못한 어린이에게는 불가능하기 때문입니다.

사람들에게 널리 알려진 것 가운데 최초의 지노글로시는 19세기에 있었던 일인데 최면에 의해서입니다. 1862년 독일의 왕자 갈리첸은 어떤 여인을 대상으로 최면 실험을 하였습니다. 그런데 놀랍게도 그 여인은 18세기의 훌륭한 프랑스어로 브리타니에 살았던 전생 이야기를 하는 것이었습니다. 갈리첸 왕자는 그녀가 프랑스어를 배웠는지 조사해 보았지만 그녀는 일반 교육도 전혀 받은 적이 없는 무학無學이었고, 다만 자기 지방의 독일어 방언밖에는 말할 줄 모른다는 것이 판명되었습니다. 따라서 이 여자는 전생에 프랑스에서 살다가 다시 독일에 태어난, 윤회의 실증임을 확인하게 된 것입니다.

아홉째로, 출생 자국을 들 수 있습니다. 아이가 출생할 때부터 흉터가 있거나 불구가 되는 수가 있습니다. 그것을 사람들은 선천적 기형이라고 이야기합니다. 그 원인은 대부분 유전이나 임신 중의 약물 복용에 의한 것으로 알려지고 있지만, 이것이 전생의 업보에 의해 생길 수도 있습니다.

윤회를 입증하는 전생기억에 관한 사례는 현대에만 있는 것이 아니라 과거에도 있었습니다.

『삼국지三國志』라는 책을 보면, 삼국시대에는 아무도 중국을 통일하지 못했습니다. 조조도 못하고 유비도 못하고 손권도 못하였습니다. 정작 중국이 통일된 것은 세월이 흐른 뒤 진晋나라 때입니다. 그때 진나라의 재상이며 군인이고 또 덕인德人이었던 양호羊祜라는 사람이 있었습니다.

그가 서너 살이 되어서, 한번은 유모를 보고 가지고 놀던 금고리를 내놓으라고 하는 것이었습니다. 유모는 아이에게 금고리가 없다고 했습니다. 그러니까 양호는 유모를 데리고 이웃집으로 갔습니다. 그리고 그 집 마당의 큰 고목나무 밑으로 가서 썩은 나무 밑둥치의 구멍 속으로 손을 쑥 넣더니 금고리를 끄집어내는 것이었습니다. 그런데 금고리를 본 그 집 주인이 깜짝 놀라는 것이었습니다. 그것은 그 집의 죽은 아이가 가지고 놀던 것인데 그 아이가 죽은 후에는 아무도 그것이 어디에 있는지 몰랐기 때문입니다. 그런데 이웃 아이가 와서 그것을 찾아냈으니 놀랄 수밖에 없는 것입니다. 모두들 그 이웃집의 아이가 죽어서 양호가 되어 환생한 것이라고 말하게 되었습니다. 여기에는 여러 가지 증거가 있지만 그 중에서 가장 확실한 증거가 바로 이 금고리입니다.

1930년에 죽은 양계초梁啓超의 선생님인 강유위康有爲라는 대학자는 바로 이 한 가지 사실만으로 전생이 있다고 주장했습니다. 그는 중국뿐만 아니라 세계적으로 유명한 학자입니다. 유교에서는 윤회를 부정합니다. 그런데도 유교 학자인 강유위는 윤회를 절대적으로 주장하였습니다. 그 증거가 바로 양호의 금고리 이야기라는 것입니다. 세계적으로 유명한 대학자가 양호의 금고리 사실 하나만으로 전생이 있고, 윤회가 있다는 것을 조금도 의심 없이 주장하고 있습니다. 여기에 비하면 이안 스티븐슨 교수가 수집한 2,000여 건의 사례는 큰 의미가 있다고 하지 않을 수가 없습니다.

김대성의 이야기를 알아보기로 하겠습니다.

김대성이 처음 태어난 집은 아주 가난했습니다. 그래서 그 어머니가 품을 팔아 근근이 먹고 살았습니다. 그러다가 주인집에서 밭을 조금 떼어 주어서 그것으로 생활을 이어나갔습니다. 그런데 하루는 옆집에서 시주를 하자 스님께서 '시일득만배施一得萬倍'라고 축원하는 것을 김대성이 듣게 되었습니다. 김대성은 집에 와서 어머니에게 간청하여 자기네의 조그만 밭을 스님에게 시주하였습니다. 스님께서는 역시 '시일득만배施一得萬倍'라고 축원을 하였습니다.

그 후 얼마 안 되어 김대성은 죽었습니다. 그 날 밤, 대신大臣인 김문량金文亮의 꿈에 '모량리牟梁里의 대성大城이가 너의 집에 태어난다'고 하는 소리가 들렸습니다. 그래서 모량리에 가서 알아 보니 과연 김대성이 죽었다는 것이 확인되었습니다. 김문량의 부인은 그로부터 태기가 있어 아들을 낳았습니다.

그런데 아기가 태어날 때 손을 꽉 쥐고 있다가 이레 만에 손을 폈는데 손바닥을 보니 '대성'이라는 이름이 적혀 있었다고 합니다. 그래서 김문량의 집에서는 이 아이가 모량리의 김대성이 다시 환생한 것이 분명하다고 하여 이름을 그대로 '대성'이라고 하였습니다. 그리고 전생의 어머니를 모셔다가 함께 있게 하였습니다.

김대성은 성장하면서 사냥을 좋아하였습니다. 하루는 토함산에 가서 곰 한 마리를 사냥해 오다가 산 아래 마을에서 잠을 자게 되었습니다. 그의 꿈에 곰의 혼이 나타나 자기를 죽였으니 그냥 두지 않겠다고 하며 달려드는 것이었습니다. 김대성이 너무 무서워 잘못했다고 빌었더니 곰의 혼은 자기를 위해 절을 지어 달라고 하는 것이었습니다. 김대성이 그렇게 하겠다고 약속하고 잠에서 깨어 보니 그것은 너무도 생생한 꿈이었습니다.

그 뒤로 김대성은 사냥을 끊었으며, 꿈에서 약속한 대로 그 곰을 잡은 땅에다 장수사長壽寺라는 절을 지어 주었습니다. 그리고 다시 원願을 세워 현세現世의 부모를 위해서 불국사佛國寺를 짓고, 전세前世의 부모를 위해서는 지금의 석굴암을 창건했다고 합니다.

그러면 전생이 있고 윤회를 한다고 할 때 어떤 법칙에서 윤회를 하는가 하는 의문이 일어납니다. 과연 내가 원하기만 하면 마음대로 김씨가 되고 남자가 되고 할 수 있는가? 캐논보고서에서 살펴보면 그것은 순전히 불교에서 말하는 인과법칙에 의한다는 것이 판명되었습니다. 인과법칙이란 선인선과善因善果, 악인악과惡因惡果입니다. 콩 심은 데 콩 나고 팥 심은 데 팥 난다는 말입니다. 착한 원인에는 좋은 결과가 생기고, 나쁜 원인에는 좋지 않은 결과가 생긴다 이 말입니다. 이제 전생을 알 수 있게 되었으니 어떤 사람이 전생에 착한 사람이었는지, 악한 사람이었는지를 알아서 그 사람의 금생의 생활이 행복한지 불행한지를 비교해 봅니다. 전생에 악한 사람이라면 반드시 금생에 불행한 사람이고 전생에 착한 사람이면 반드시 금생에 행복한 사람이라는 것입니다.

부처님께서는 『법화경』에서 이렇게 말씀하셨습니다.

> 전생 일을 알고자 하느냐?
> 금생에 받는 그것이다.
> 내생 일을 알고자 하느냐?
> 금생에 하는 그것이다.

전생에 내가 착한 사람이었나 악한 사람이었나를 알고 싶으면 금생에 내가 받는 것, 곧 지금 내가 행복한 사람이냐 불행한 사람이냐를 살펴볼 것이며 내생에 내가 행복하게 살 것인가 불행하게 살 것인가를 알고 싶으면 지금 자신의 하는 일을 보면 알 것입니다.

현대의 정신과학에서는 이 인과因果를 인도말인 카르마라고 합니다. 본디 불교에서 말하는 업業이라는 뜻이 담긴 이 말은 이제 세계적인 학술용어가 되었습니다.

업이란, 자기가 짓고
자기가 받는 것

물음_ 기독교에서는 그것을 믿는 자는 융성하고 그렇지 않으면 망한다고 하여 절대자인 창조주가 화복禍福을 정한다고 합니다. 불교에서는 업業에 따라서 착한 일을 하면 행복하게 되고 악한 일을 하면 불행하게 된다고 하는데 이해가 어렵습니다.

답_ 기독교에서 주장하는 것은 모든 것을 만든 이도 하나님이고 따라서 구원도 그에게 매달려야 하는 것입니다. 그러나 불교에서는 누가 만든 사람이 따로 없고 누가 따로 구원해 주지 않습니다. 순전히 자아自我 본위입니다. 기독교는 철두철미 남을 의지하는 것이니 두 관점이 정반대입니다. 요즘의 과학적 증명에 의하면 남이 만들어 주었다는 것은 거짓말입니다. 그렇기 때문에 이미 말했듯이 기독교에서도 자체 전환을 하고 있습니다. 불교에서 본시 주장하는 것은 우주 이대로가 상주불멸이고 인간 이대로가 절대자라는 것입니다. 현실 이대로가 절대이며, 또 사람이고 짐승이고 할 것 없이 모두가 다 하나님 아닌 것이 없다는 말입니다. 결국 사람 사람이 모두 금덩어리 아님이 없는데 자기가 착각해서 금덩어리를 똥덩어리로 알고 있는 것입니다. 중생이라는 말은 이것을 가리키는 것입니다. 눈을 감고 있기 때문에 금덩이인 줄 모르는 것이니, 수행을 하여 본래의 눈을 뜨고 보면 본시 금덩이인 줄 확실히 알게 되는 것입니다. 온 세계가 모두 진금眞金이고 모두가 부처님 세계이고 무한한 가치를 가지고 있습니다.

기독교에서는 '구원'한다고 합니다. 물에 빠진 사람을 구해 준다는 식입니다. 그러나 불교에서는 구원이 아닙니다. 자기 개발이고, 자기 복귀復歸입니다. 자기의 본래 모습이 부처님인 줄을 알라는 것입니다. 선종의 조사 스님들이 항상 하는 말이 그렇고 또 내가 항상 하는 말이 이것입니다. 석가도 믿지 말고, 달마도 믿지 말고, 지금 말하는 성철이도 믿지 말라. 오직 자기를 바로 보고, 자기 능력을 바로 발휘시켜라. 이것이 불교의 근본입니다. 그럼 어째서 부처님은 극락세계 등의 의타依他를 말씀하셨는가? 그것은 방편설

方便說입니다. 자아自我 본위를 모르는 사람을 깨우치기 위한 방편이지 참 가르침은 아닙니다.

물음_ 업業의 변화에 의해서 귀하게도 되고 천하게도 되는 것입니까?

답_ 그렇지요. 자기가 짓고 자기가 받는 것입니다. 햇빛 속에 똑바로 나서면 그림자도 바르게 되고 몸을 구부리면 그림자도 구부러지는 것입니다. 바른 업을 지으면 모든 생활이 바르게 되고 굽은 업을 지으면 모든 생활이 굽어집니다. 그래서 내가 말하지 않습니까? 절대로 타살他殺은 없다, 전부 다 자살自殺이라고.

물음_ 불교의 윤리에서 선업善業과 악업惡業은 어떻게 구별됩니까?

답_ 남을 돕는 것, 남에게 이로운 것은 선善이라 하고, 남을 해치는 것, 남에게 고통을 주는 것은 악惡이라 합니다. 그러나 불교의 진정한 의미에서는 선이란 선과 악을 완전히 버리고 또 선과 악이 융합하는 것을 말합니다. 즉 중도中道의 세계를 말합니다. 선과 악이 대립되어 있는 것은 진정한 선이 아닙니다. 그것은 한쪽에 치우친 변견邊見입니다. 보살계를 받을 때에 "선도 버리고 악도 버려라. 이렇게 하는 것이 보살이다."고 말합니다. 상대적인 변견을 버리라는 것입니다. 그럼 선도 버리고 악도 버리고 어떻게 하라는 것인가? 선도 버리고 악도 버리는 여기에 참 선이 나오는 것입니다.

물음_　도솔천兜率天과 극락세계는 어떤 것입니까?
답_　도솔천이라고 하는 것은 외계外界의 천상天上에 있습니다. 그러나 꼭 말씀 그대로 받아들일 것은 아닙니다. 부처님 당시에 이미 도솔천이니 33천三十三天이니 하는 사상이 있었고 중생을 교화하기 위한 방편方便으로 쓴 것입니다.

그러나 극락세계는 그 성질이 다릅니다. 이것은 본시 있는 세계가 아닙니다. 아미타불의 원력願力으로써 극락세계를 만들었습니다. 흡사 하나님이 하늘이 있으라 하니 하늘이 있다는 식입니다. 아미타불이 원력으로써 만들어 놓은 땅이니 우주창조설과 그 성격이 같은 것입니다.

물음_　인간의 능력이 무한하고 불교가 완전무결한 것이라면 앞으로 과학은 불교 이상으로 발전할 수 있겠습니까?

답_　　몇 해 전 불교로 전향한 어느 미국 사람이 서울에 와서 강연한 적이 있습니다. 기독교뿐만 아니라 많은 종교가 과학이 발달할수록 퇴색되고 파괴되는 데 비해 불교는 더욱더 그 논리가 실증되는 동시에 빛이 난다는 것입니다. 결국 불교는 진리를 바로 보았기 때문에 3천년 뒤에도 그것이 참말인 것이 자꾸 증명되는 것입니다. 앞으로도 과학이 발달할수록 불교의 진리가 한 가지 한 가지씩 계속해서 더 증명이 될 따름이요, 불교 이상의 더 나은 진리를 발견할 것이라고 볼 수 없습니다. 손오공이 뛰어 봐야 부처님 손바닥 안인 줄을 알아야지요.

물음_　　캐논 경이 쓴 『잠재력』에서와 같이 무의식 상태에서 실험하는 그들도 화두 공부를 한 것입니까?

답_　　그들이 화두 공부를 한 것은 아니고 또 완전히 제8식識에 도달한 것도 아닙니다. 그러나 실험을 하는 동안에는 무의식 상태에 가깝게 들어간 것만은 분명합니다. 그 상태에 들어갈 것 같으면 그런 능력이 나타나는 것만은 분명합니다.

물음_　　윤회설과 인구증가 및 산아제한에 대해 말씀

해 주십시오.

답_　　인구가 증가한다는 것 곧 이전에는 인구가 적었는데 지금에는 인구가 많다 하니 이것은 영혼이 어떻게 된 것인가? 사람이 반드시 사람으로만 윤회한다면 이것은 문제가 큽니다. 사람만이 사람으로 윤회한다면 인구가 증가될 수 없습니다. 그러나 윤회를 하는 데에는 동물과 인간의 구별이 없는 것입니다. 그리고 또 외계에서 오는 영혼도 있고 하여 전체적으로는 증감을 논할 수가 없습니다.

지구에서 인구가 자꾸 팽창해 가니 산아제한을 해서 위기를 면해야겠다고 인위적으로 노력을 하는데 그것 가지고 해결이 안 됩니다. 산아제한 한다고 사람이 잘 사는 것이 아닙니다. 모든 일이 건설적으로 나아가야지 산아제한은 파괴적입니다. 우리나라의 인구가 많아서 먹을 것이 없다고 할지 모르지만, 우리가 노력하고 개척하고 개발하면 아무리 인구가 많아도 먹고 살 수 있습니다.

물음_　　불성佛性이란 무엇입니까?

답_　　이것은 불교의 독특한 용어인데, 부처님의 특성을 나타내는 것을 불성이라 하고, 일체법계一切法界를 말할 때는 법성法性이라 하는데 일체만법의 본 모습이라는 말입니다. 이 법성을 바로 안 사람이 바로 부처님입니다. 그것은 변동이 없으므로 진여眞如라 하기도 하고, 그 내용은 중도中道이므로 중도라 하기도 하고, 활동하는 자체는 연기에 따라 움직이므로 연기법緣起法이라고도 합니다. 이들은 모두 같은 내용입니다.

부처님께서 말씀하셨습니다. "희한하고 희한하구나, 모든 중생衆生이 두루 불성을 갖고 있구나."

생명의
참모습

모든 생명을 부처님과 같이 존경합시다. 만법의 참모습은 둥근 햇빛보다 더 밝고 푸른 허공보다 더 깨끗하여 항상 때가 묻지 않습니다.

악하다 천하다 함은 겉보기뿐, 그 참모습은 거룩한 부처님과 추호도 다름이 없어서, 일체가 장엄하며 일체가 숭고합니다. 그러므로 천하게 보이는 파리, 개미나 악하게 날뛰는 이리, 호랑이를 부처님과 같이 존경하여야 하거늘, 하물며 같은 무리인 사람들끼리는 더 말할 것도 없습니다. 살인·강도 등 극악 죄인을 부처님과 같이 공경할 때 비로소 생명의 참모습을 알고 참다운 생활을 하는 것입니다.

이리하여 광대한 우주를 두루 보아도 부처님 존재 아님이 없으며 부처님 나라 아님이 없어서, 모든 불행은 자취도 찾아볼 수 없고 오직 영원한 행복이 있을 뿐입니다.

우리 서로 모든 생명을 부처님과 같이 존경합시다.

집집마다 부처님이 계시니 부모님입니다. 첫째로 내 집안에 계시는 부모님을 잘 모시는 것이 참 불공佛供입니다.

거리마다 부처님이 계시니 가난하고 약한 사람들입니다. 이들을 잘 받드는 것이 참 불공입니다.

발 밑에 기는 벌레가 부처님입니다. 보잘것없어 보이는 벌레들을 잘 보살피는 것이 참 불공입니다.

머리 위에 나는 새가 부처님입니다. 날아다니는 생명들을 잘 보호하는 것이 참 불공입니다.

넓고 넓은 우주, 한없는 천지의 모든 것이 다 부처님입니다. 수없이 많은 이 모든 부처님께 정성을 다하여 섬기는 것이 참 불공입니다.

이리 가도 부처님, 저리 가도 부처님, 부처님은 아무리 피하려고 하여도 피할 수가 없으니 불공의 대상은 무궁무진하며 미래겁이 다하도록 불공을 하여도 끝이 없습니다.

이렇듯 한량없는 부처님을 모시고 항상 불공을 하며 살 수 있는 우리는 행복합니다.

법당에 계시는 부처님에게 한없는 공양구를 불공하는 것보다 곳곳에 계시는 부처님들을 잘 모시고 섬기는 것이 억천만 배의 비교할 수 없는 많은 공덕이 있다고 석가세존은 가르쳤습니다.

이것이 불보살佛菩薩의 큰 서원이며 불교의 근본입니다.

우리 모두 이렇듯 거룩한 법을 가르쳐 주신 석가세존께 깊이 감사하며 항상 불공으로 살아갑시다.

마음의 본래 모습이
청정이다

한국 청정비구의 표상인 이성철李性徹 조계종 종정이 정진하고 있는 가야산 백련암은 부처님오신 날을 앞두고 신록의 경이로움을 자랑하고 있었다. 작약, 꽃잔디, 영산홍 등의 꽃이 만개한 가운데 나무마다 부처님의 가르침을 깨우치기라도 하는 듯 모두 자랑스럽게 제 빛을 뽐내고 있었다.
부처님오신날을 앞두고 14일 백련암을 찾아간 불교학자 김지견金知見 박사를 맞는 성철 종정은 밝고 순수한 웃음 속에서 불교의 오묘한 진리를 시간가는 줄 모르고 대담했다. 다음은 일반의 출입이 금지된 백련암 염화실에서 베풀어진 성철 종정과 김지견 박사와의 대담을 간추린 것이다.

❦ 스님, 오랜만에 찾아뵙습니다. 건강은 좋아지신 것 같군요.

"겉만 그렇지 전과 같지 않아요."

❦ 큰스님, 금년 부처님 오신 날 법어는 불교의 중심 사상인 중도中道에 대해서 현대의 과학 지식까지 활용하시어 말씀

하셨습니다. 지금까지 법어는 한문이나 게송으로 일반 신도는 어렵다는 선입견을 갖게 마련이고 거리감이 있었는데, 금년 초파일 법어는 한걸음 시민 편에 다가선 것 같습니다. 그러나 일반이 중도의 원리를 깨닫기에는 큰스님의 법어는 많은 진리가 압축된 것 같습니다. 부처님께서 성불成佛하신 뒤 오늘에 이르기까지 중도는 불교에서 어떻게 이해되고 실천되었는지요?

"부처님께서 성불하신 후 녹야원에서 다섯 비구들에게 설법한 불고불락不苦不樂이 중도법문의 효시지요. 선종의 제6조 혜능慧能스님도 불사선불사악不思善不思惡:선도 생각지 말고 악도 생각지 말라으로 개구開口 제일성을 선언했습니다. 또 선종 제3조 승찬僧璨스님의 저술『신심명信心銘』도 중도 사상을 강조하였고, 천태지자天台智者 대사는 교판사상에서 원교圓敎가 바로 중도라고 했습니다. 화엄종이나 천태종도 서로 자신들의 교리가 중도 사상이라고 했지요. 법상종은 원융무애圓融無礙까지는 못 미치나 그 종파에서도 중도, 중도 했지요."

🪷 그러면 부처님 당시 사실을 가장 신빙성 있게 전하는 율장의 경우에는 중도를 어떻게 보았습니까?

"경율론經律論, 삼장이 똑같이 중도를 벗어나지 않았지요. 부처님 행적을 보면, 부처님께서는 중도를 깨치시고 중도를 말씀하시고 실천하셨는데, 이것이 화합법계和合法界의 소식이지요."

⚛ 큰스님께서 수행하는 사람은 선善의 편에도 서지 말라고 하시던 말씀이 생각납니다. 중도는 시비선악 등과 같이 상대적 대립의 양면을 버리고 모순갈등이 상통융합하는 절대의 경지로, 우주의 실상은 대립의 소멸과 융합에 있다는 논리지요. 그렇기 때문에 선이 바로 악이 되고 악이 곧 선이라는 원리가 원융무애한 중도의 진리임을 알 수가 있겠습니다.

"만법이 혼연융합한 중도의 실상을 바로 보면 모순과 갈등, 대립과 투쟁은 자연히 소멸되고 융합자재한 대단원이 있을 뿐입니다. 대립이 소멸된 중도실상의 부처님 세계는 얼마나 장관이겠습니까. 그러나 그 중도의 소식을 보는 눈은 맑기가 거울같이 맑아야 하고, 밝기가 일월日月보다도 밝아야 하지요. 그것은 밖에서 구해서 얻어지는 것이 아니라 마음자리의 본래 모습이 그 맑음이요, 그 밝음이지요."

🌿 스님께서 "산은 산이요, 물은 물이로다" 하신 말씀이 시민들 사이에 회자되고 있습니다. 산은 산이 아니요, 물은 물이 아니요라는 말과 다른 것도 같고 같은 것도 같습니다. 그 참뜻을 어떻게 터득해야 합니까?

"마음의 눈을 떠야지요. 실상을 바로 보는 눈을 말합니다. 그 마음의 눈을 뜨고 보면 자기가 먼 천지개벽 전부터 성불했다는 것과, 천지개벽 전부터 성불했으니 현재는 말할 것도 없고 미래가 다하도록 성불한 것임을 알게 되지요. 마음의 눈을 뜨면 결국 자성自性을 보는데, 그것을 견성見性이라고 하지요. 팔만대장경에 그토록 많은 말씀이 담겨 있지만, 사실 알고 보면 '마음 심心' 한 자에 모든 것이 귀결됩니다. 마음의 눈을 바로 뜨고 그 실상을 바로 보면 산은 산이요, 물은 물이지요. 그리고 산이 물 위로 가는 본지풍광의 소식이지요."

🌿 부처님 오신 기쁜 날을 맞이하면서 떠오르는 일들이 많습니다. 최근 우리나라는 종교 인구가 늘어나고 갖가지 종교가 번성하고 있으나 우리 사회의 윤리와 도덕은 땅에 떨어졌다고 개탄들을 하고 많은 문제가 노출되고 있습니다. 그 이

유를 어디서 찾아야 할까요?

"부처님 오신 날의 참뜻은 부처님 육신의 탄생이 아니고, 인간이 미망과 어두움으로부터 떨쳐나고 독선과 아집으로부터 벗어나는 깨달음을 준 것이지요. 그렇기 때문에 깨쳐서 작용하는 영원한 생명으로써 우리들 속에 흐르는 진리의 여울이 되어야 하지요. 그렇기 위해서는 이 사회의 현상을 바로 보고 진정한 뉘우침과 중생 불공하는 간절한 발원이 있어야 불교의 생명력이 있지요. 그러나 우리 시대에는 부처를 파는 승려는 많으나 진정한 불제자는 찾기 힘든 것이 현실입니다. 부처님 가르침을 실천하고 따르는 승려 양성부터 서둘러야 할 것입니다."

🙏 **불법의 요체가 깨우침에 있다면, 그 깨우침이란 무엇입니까?**

"달이 서산에 졌을 때 달을 보여 달라고 조르면 둥근 부채를 드러내 보이고, 바람이 없을 때 바람이 무엇이냐고 물으면 나뭇가지를 흔들어 보여준다는 말이 있지요. 도_道를 깨치면 망상이 소멸되고, 소멸되었다는 흔적도 없게 되지요. 이런 경지를 무심無心이라고 합니다. 그렇다고 망상이 소멸된 상태가 생명력이 없는 무정물無情物인 돌덩이와 같은 것은 아닙니다. 그것은 본래 가지고 있는 지혜 광명을 회복한다는 뜻이지요. 어두움이 따로 있는 것이 아니라 밝음이 회복되었다는 이치입니다.

먼지가 끼어 사물을 비추지 못하던 거울이 깨끗하게 되어 거울구실을 하게 되는 것과 같지요. 마음의 눈을 뜨고 보면 전체가 광명인 동시에 대낮 그대로입니다. 마음의 눈을 뜨고 보면 전체가 부처 아닌 존재 없고, 어느 곳도 불국토佛國土 아닌 처소가 없지요. 사람이 깨달아 어린이와 같이 순진무구한 마음이 되면 산이 물 위로 간다는 소식이 환하게 드러나지요. 이와 같은 세계가 바로 깨우침의 경지라고 할 수 있겠습니다."

백련암이 온통 향산香山인 것 같습니다. 스님께서는 꽃도 좋아하시는군요.

"꽃 좋아하지요. 가지마다, 송이마다 화장찰해華藏刹海이지요. 그러나 꽃보다 아름다운 것은 어린애지요. 어린애들이 놀러 와 춤도 추고 노래를 하며 재롱을 피울 때가 가장 즐거운 시간입니다. 그들은 내 친구들이지요. 꾸밈없는 천진함이 다름 아닌 진불眞佛의 소식이 아니겠어요."

🪷 큰스님 선방에 걸려 있는 '은거부하구 무언도심장隱居復何求 無言道心長'은 만파萬波스님의 글씨 같습니다. 특별히 뜻이 있어서 선방에 걸려 있는 것이겠지요?

"세상 사람들이 스님들은 산에 숨어 무엇을 하느냐고 비난 같은 질문을 하지만 묵언默言으로 도심道心을 기르는 것이 스님의 생활이란 말이지요. 승려는 도락道樂을 이루기 위해서 사는 것입니다."

🪷 요즘 너무 놀라운 일이 많이 일어나 사람들을 불안하게 하고 있습니다. 부인이 남편을 독살한 사건이라든지, 인명人命 경시 풍조가 특히 우리를 전율케 합니다.

"생명의 참모습을 모르기 때문이지요. 모든 생명 있는 것은 부처님과 같이 존귀한 것입니다. 하물며 같은 무리들끼리야 더 말할 것도 없고, 부부간의 처지야 (한동안 말이 없다가) 부부가 이해타산으로 죽인다는 것은 인간이 이성을 잃고

마음의 본래 모습이 청정이다

물질의 노예가 된 극단의 사태를 드러낸 것입니다."

🕉 **불살생**不殺生**을 제일 덕목으로 삼는 불교의 입장에서 보면 말문이 막히는 일이 허다합니다.**

"보잘것없어 보이는 벌레까지 보살피는 것이 참 불공이지요. 항차 부부 사이에 서로가 부처님 모시듯 공경하면 모든 불행은 자취도 없이 사라질 텐데, 행복은 받는 것이나 주는 것이 아니라 짓는 것이지요. 모두가 복 짓는 일을 해 나갈 때 사회의 불안도 가시고 개인의 행복도 보장되는 것입니다."

🕉 **큰스님의 법어를 모은 『선문정로**禪門正路**』와 『산이 물 위로 간다**[本地風光]**』가 출간되어 지식인 사회에 화제가 되고 있습니다. 앞으로 두 법어집은 학자들 사이에서 문학, 철학, 종교적인 측면에서 연구되리라 생각합니다. 영역을 서두르고 있다고 하나 참뜻이 전달될지 걱정입니다. 두 법어집 모두 난해한 점이 없지 않으나 큰스님의 육성을 느낄 수 있어 다행입니다. 그런데 스님의 법어집에 나오는 고려 보조국사 지눌스님에 대한 평가에 대해 일부에서는 이견이 있더군요.**

"보조스님의 선은 외선내교外禪內敎요 화엄선이지 조계선은 아닙니다. 보조스님의 돈오점수頓悟漸修: 단번에 깨쳐 점점 닦아간다는 하택신회荷澤神會가 원류原流이지요. 보조스님의 『수심결修心訣』을 의지하는 선객들도 있으나 조계선적인 입장에서 보면 지눌스님은 오락가락한 데가 없지 않아요. 원돈圓頓 사상을 털어버리고 조계선으로 뛰어들지 못했지요. 보조스님이 인교오심因敎悟心: 교로 인해서 마음을 깨침자를 위해서 돈오점수를 말하는 것은 조계직전曹溪直傳이라기보다는 화엄선이라는 뜻입니다. 이런 문제는 시간이 흐르면 밝혀질 문제라고 생각합니다."

🙏 조계선과 보조선의 성격은 『선문정로』를 숙독한 다음에 다시 뵙기로 하겠습니다. 조계종의 법맥을 밝히는 막중한 문제로 모두가 주목하고 있습니다. 큰스님은 승가대학에 대해 깊은 배려를 하고 계신 것으로 알고 있습니다. 한국 불교 중흥을 위해 모범적인 승려교육 기관의 창설이 시급합니다.

"내가 가장 걱정하는 문제이지요. 승려 자신도 잘 모르면서 어떻게 다른 사람을 지도하겠어요. 법당의 기왓장을 벗겨 팔아서라도 승려를 가르쳐야 우리 불교가 제구실을 하고 전통을 계승할 것으로 믿고 있어요. 종단이 안정되어 제일 먼저 할 일이 승려 교육이라고 생각해요. 최근 우수한 사람들이 절에 들어오고 있어 교육만 제대로 시키면 한국 불교의 전통이 살아날 것을 확신하고 있습니다."

🪷 **부처님 오신 날의 참뜻을 바르게 하기 위해서 다시 한 번 회통의 말씀을 해주십시오.**

"부처님은 이 세상을 구원하러 오신 것이 아닙니다. 이 세상이 본래 구원되어 있음을 가르쳐 주시려고 오신 것입니다. 자기를 바로 보아야 합니다. 시간과 공간을 초월하여 영원하고 무한한 자기는 모든 진리가 내재되어 있습니다.

만약 자기 밖에서 진리를 구한다면, 이는 바다 밖에서 물을 구하는 것과 같습니다. '참나[眞我]'는 영원하므로 종말이 없는데, 참나를 발견하지 못한 사람은 세상의 종말을 두려워하며 헤매고 있습니다. 참 나는 본래 순금입니다. 그러나 욕심이 마음의 눈을 가려서 순금을 잡철로 착각하고 자기를 욕되게 합니다. 욕심이 자취를 감추면 마음의 눈이 열려서 순금인 자신을 재발견하게 될 것입니다. 현대는 물질만능에 휘말리어 자기를 상실하기 쉬운 세대입니다. 자기는 큰 바다와 같고 물질은 거품과 같은 것입니다. 바다를 봐야지 거품은 따라가지 말아야 합니다. 이렇듯 크나큰 진리 속에 살고 있는 우리는 참으로 행복합니다."

 부처님은 중도中道를 깨치시고 중도를 실천하신 분이라는 것을 알게 되었습니다. 그리고 부처님은 이 세상을 구원하러 오신 것이 아니라 이미 구원되어 있다는 사실을 가르치러 오셨다는 말씀은, 부처님 오신 날을 기리는 우리들의 마음에 광명의 불을 점화해 주신 것으로 받아들여집니다. 또 보조선이 외선내교적인 화엄선임도 알게 되었습니다. 장시간 감사합니다.

[1983년 5월 16일, 김지견 박사와의 대담 경향신문 박석흥 기자 정리]

남을 위해 기도합시다

초판발행 2015년 4월 30일
2쇄발행 2017년 9월 5일

지은이 퇴옹 성철
발행인 여무의(원택)
발행처 도서출판 장경각

등록번호 합천 제1호
등록일자 1987년 11월 30일

본 사 경남 합천군 가야면 해인사길 122 해인사 백련암
서울사무소 서울시 종로구 삼봉로 81
              (수송동, 두산위브파빌리온) 931호
전 화 (02)2198-5372
팩 스 (050)5116-5374
홈페이지 www.sungchol.org

ⓒ 2015, 장경각

ISBN 978-89-93904-17-8 03220

값 6,000원

※ 이 책에 실린 내용은 무단으로 복제하거나 전재할 수 없습니다.
※ 잘못된 책은 교환해 드립니다.